DAEMON GOODHOPE

Zukunftsführer für Zeitreisende

W0056865

Buch

Wenn Sie sich in einer schwierigen Lebenssituation befinden oder vor einem bestimmten Problem stehen und nicht wissen, wie Sie sich entscheiden sollen, dann hilft Ihnen der *Zukunftsführer für Zeitreisende* weiter. Dieses moderne Orakel basiert auf der uralten Lehre des chinesischen I Ging, und Sie brauchen nicht mehr dazu als die dem Buch beiliegenden acht Karten. Indem Sie drei Karten ziehen, erhalten Sie Antwort auf die verschiedenen Aspekte Ihres Problems, die Qualität Ihrer momentanen Lebenslage und die Lösungswege, die sich Ihnen bieten. Der *Zukunftsführer* erklärt klar und leicht verständlich die Vorgehensweise der Orakelbefragung und enthält ausführliche und gut nachvollziehbare Auflösungen der Kartenkombinationen. Für alle diejenigen, die auf die Weisheit des I Ging vertrauen, zeigt dieses Orakel den richtigen Weg in allen entscheidenden Situationen des Lebens, es gibt Mut und Hoffnung und gewährt Einblick in eine Zukunft voller Klarheit und Zuversicht.

Autor

Daemon Goodhope hat sich 25 Jahre mit der Entwicklung dieses genialen Orakels beschäftigt und ist ein überzeugter Anhänger der Kartenmagie.

DAEMON GOODHOPE

ZUKUNFTSFÜHRER FÜR ZEITREISENDE

Ein Orakelbuch auf der Grundlage
des I Ging für alle Lebensfragen

*Aus dem Amerikanischen
von Susanne Reichert*

GOLDMANN

Die Originalausgabe erschien unter dem Titel
»The Time Traveller's Guide to the Future«
bei Bloomsbury, London.

Deutsche Erstausgabe

Für A. R.

Der Goldmann Verlag
ist ein Unternehmen der Verlagsgruppe Bertelsmann

Deutsche Erstausgabe Mai 1998
© 1998 der deutschsprachigen Ausgabe
Wilhelm Goldmann Verlag, München
© 1996 der Originalausgabe J. Dane
Umschlaggestaltung: Design Team München
DTP-Satz: Barbara Rabus
Druck: Presse-Druck Augsburg
Verlagsnummer: 13244
Redaktion: Doris Bampi-Hautmann
Herstellung: Sebastian Strohmaier
Made in Germany
ISBN 3-442-13244-4

1 3 5 7 9 10 8 6 4 2

***Folgen Sie Ihrem Herzen,
nutzen Sie den Augenblick!***

Daemon Goodhope, der sich in den verschiedensten Fachgebieten auskennt, hat mit seinem I Ging und seinem treuen Laptop die Welt bereist. »Ich bin gerne an Orten, an denen ich mich nur auf mein I Ging und meinen Menschenverstand verlassen kann. Ich finde, man sollte anderen Menschen keine Ratschläge erteilen, die man nicht vorher an sich selbst gründlich ausprobiert hat«, sagt Daemon.

Was den Leser erwartet

🔘 Wir alle gehen jeden Tag Risiken ein. Das I Ging soll Ihnen dabei helfen, aus ungünstigen Situationen das Beste zu machen.

🔘 Ziel des Zukunftsführers für Zeitreisende ist es, das I Ging möglichst vielen Menschen näherzubringen.

🔘 Sie brauchen sich nur ein paar Minuten Zeit zu nehmen, dann können Sie sich entspannen und das Wissen unserer Vorfahren gewinnbringend für sich nutzen.

Macht

Der Zukunftsführer für Zeitreisende ist ein machtvolles Orakel, das Ihr Leben nachhaltig beeinflussen kann, wenn Sie dies möchten.

Vergnügen

Sie können den Zukunftsführer für Zeitreisende ganz nach Belieben benutzen. Sie können ihn im Freundeskreis, mit einem Freund oder einer Freundin spielen oder einfach als gute Lektüre für trübe Momente betrachten.

Erfahren Sie die Geheimnisse des I Ging

Hier werden zum ersten Mal die Geheimnisse des I Ging offenbart. Andere Ausgaben enthalten absichtlich Irrtümer, mit denen die chinesischen Meister die Wahrheit verbergen wollten. *Verbessern Sie die Welt.*

Früher mag es sinnvoll gewesen sein, die Wahrheit geheimzuhalten, aber heute steht das Schicksal der Menschheit auf Messers Schneide. Wir müssen ein tieferes spirituelles Bewußtsein entwickeln, sonst vernichten wir uns. Jedesmal wenn Sie den Zukunftsführer für Zeitreisende benutzen, tragen Sie ein bißchen zur Erleuchtung der Menschheit bei.

Inhalt

Einführung

Aus dem bescheidenen Grabmal neben dem Brunnen
wurde ein großartiger Tempel,
Ringsherum entstand eine schöne Stadt.
Der Brunnen geriet in Vergessenheit und füllte sich mit
Schlamm.
Es kam eine Trockenzeit und die Menschen zogen weiter.
Der Tempel verfiel.
Seine Schätze gingen verloren.
Später kehrten die Menschen zurück, um die Ruinen
liebevoll zu restaurieren.
Doch der Brunnen blieb weiterhin verstopft.
Jetzt ist es Zeit, das süße Wasser wieder in Fluß zu bringen.

Der Zukunftsführer für Zeitreisende ist mehr als nur ein Buch,
er ist ab jetzt Ihr bester Freund. Mit ihm stellen Sie eine Verbindung zum Geistigen her, und es entwickelt sich eine innere Harmonie, die unmerklich Gedanken und Handlungen
zum Guten hin verändert. Das Leben bekommt einen Sinn,
und man tritt ein in einen endlosen Dialog, der immer tiefer
in die Geheimnisse einer außergewöhnlichen Welt führt. Der
Zukunftsführer respektiert diejenigen, die ihn ernsthaft benutzen, und behandelt sie wie Könige. Er ist wie ein weiser,
alter Ratgeber. Er erzählt Ihnen etwas über die möglichen Folgen Ihrer Handlungen und überläßt die Entscheidungen Ihnen. Ich beschäftige mich seit fünfundzwanzig Jahren mit

dem I Ging und versuche, mich in meinem Leben an seinen Prinzipien und Praktiken zu orientieren. Das war nicht leicht, aber meine Bemühungen haben sich gelohnt. Ich habe dieses Buch geschrieben, damit andere diesen Weg leichter und bequemer beschreiten können. Andere I Ging-Bücher sind leider ziemlich ungenau und sehr unzuverlässig, der Zukunftsführer für Zeitreisende aber ist klar, eindeutig und leicht anwendbar. Alle Ratschläge beruhen auf der Betrachtung tatsächlicher Ereignisse, nicht nur auf Theorie. Hoffentlich können Sie damit einen Schritt weiterkommen und vielleicht sogar noch mehr dabei lernen als ich. Der Zukunftsführer für Zeitreisende bietet auch nicht nur spirituelle Vorteile: Wer sich an seine Ratschläge hält, wird tatsächlich auch materiellen Gewinn davon haben. Den Fragesteller erwarten vermehrter Wohlstand und höhere Lebensqualität.

Anleitungen

Welche Fragen man stellen soll

Wenn Sie vom I Ging eine eindeutige, brauchbare Antwort haben wollen, müssen Sie unbedingt eine eindeutige, begründete Frage stellen. Diese Frage sollte die folgenden drei Kriterien erfüllen:

☯ *Sie sollte bedeutungsvoll sein*

Das I Ging ignoriert banale oder unwichtige Fragen. Was bedeutungsvoll ist, müssen Sie allein herausfinden. Als Faustregel gilt: Vermeiden Sie Fragen, die sich um Ihre Alltagsbeschäftigungen drehen. Sollten Sie zufällig in einem Kriegsgebiet leben, kann ein Einkaufsbummel tödlich sein, aber die meisten von uns brauchen für derlei Dinge nicht den Zukunftsführer um Erlaubnis zu fragen. Fragen zu Reisen, Karriere, Beziehungen, gesellschaftlichen Ereignissen, zu Studium, Gesundheit, Geld und spirituellen Übungen sind alle völlig berechtigt.

☯ *Sie muß sorgfältig formuliert sein*

Nehmen Sie sich etwas Zeit, um Ihre Frage eindeutig zu formulieren. Es ist besser, positiv formulierte Fragen zu stellen, zum Beispiel: »Soll ich die Antarktis mit einem Schlitten durchqueren?« Das ist eine eindeutige und positive Formulierung, wohingegen »Soll ich die Antarktis nicht durchqueren, sondern statt dessen eine Stelle als Versicherungsvertreter annehmen?« unklar und negativ ist.

15

☯ *Sie muß zum richtigen Zeitpunkt gestellt werden*

Sie sollten sich nicht bei jeder Kleinigkeit, die Ihnen in den Sinn kommt, an das I Ging wenden. Denken Sie gründlich über Ihre Frage nach und gehen Sie zuerst in sich. Sehr oft merkt man, daß die Antwort auch ohne die Befragung des Zukunftsführers klar ist. Wenn Sie dann immer noch Zweifel haben, dann sollten Sie den Zukunftsführer für Zeitreisende zu Rate ziehen.

Das mag vielleicht alles sehr kompliziert klingen, aber meiner Erfahrung nach entwickeln die meisten Menschen, die das I Ging benutzen, ein Gefühl dafür, was sie fragen sollen und wann. Letztendlich müssen Sie Ihre eigene Beziehung zum I Ging aufbauen und es so benutzen, wie es *Ihnen* am besten paßt.

Wie man Fragen stellt

☯ *Was Sie benötigen*
 – Die diesem Buch beiliegenden acht Karten (oder normale, von As bis Acht numerierte Spielkarten).
 – Eine ruhige Minute.
 – Einen Notizblock und einen Stift.

☯ *Bevor Sie beginnen*
 – Prüfen Sie, ob Sie alle acht Karten haben.
 – Kommen Sie zur Ruhe.
 – Überlegen Sie sich eine Frage und schreiben Sie sie auf.

☯ *Eine Voraussage machen*
 – Mischen Sie die Karten, ziehen Sie eine heraus und notieren Sie ihren Zahlenwert.

- Stecken Sie die Karte zurück, mischen Sie noch einmal, ziehen Sie wieder eine Karte und notieren Sie erneut ihren Zahlenwert.
- Nehmen Sie die Karten mit dem Zahlenwert 7 und 8 aus dem Stapel und mischen Sie die restlichen Karten wieder. Ziehen Sie dann eine Karte für die dritte und letzte Zahl.

Sie haben nun drei Zahlen. Blättern Sie weiter und suchen Sie nach Ihrer Antwort.

Die drei Zahlen

§ *Die Haus-Zahl*
Der Zukunftsführer für Zeitreisende ist in acht Häuser unterteilt. Die erste Zahl sagt Ihnen, in welchem Haus Sie Ihre Vorhersage finden können. Ein Ratschlag steht dem Beginn jedes Hauses voran. Dieser Rat ist allgemeiner Natur und spiegelt die Gesamtphilosophie des I Ging wider.

§ *Die Situations-Zahl*
Jedes Haus ist in acht ›Situationen‹ unterteilt. Die zweite Zahl ist die Zahl Ihrer Situation *innerhalb* des Hauses.
Blättern Sie in den Seiten des Hauses, bis Sie Ihre Situation finden. Der Text teilt Ihnen etwas über den Hintergrund Ihrer Situation mit. Der Titel der Situation ist für das Verständnis des Orakels oft besonders wichtig.

§ *Die Pfad-Zahl*
Zu jeder Situation gibt es sechs Pfade. Sie sind das Wichtigste am Orakel. Der Pfadtext ist immer der Haupttext.

Die Pfade sind der älteste Teil des I Ging, die Grundlagen, auf denen es beruht.

Ein guter Pfad in einer schlechten Situation ist besser als ein schlechter Pfad in einer guten Situation.

Die Auswertung der Antwort

Die Benutzung des I Ging ist in mancher Hinsicht wie ein Glücksspiel. Es geht darum, mit Hilfe des Orakels seine Erfolgschancen bei allen Unternehmungen zu verbessern. Bei der Auswertung einer Voraussage sind drei Dinge zu beachten.

❂ *Der »Happy-Face-Guide«*
Bei jedem Pfad sind kleine Gesichter abgebildet:

Diese sagen Ihnen, wie gut Ihre Chancen stehen.

❂ *Der Pfadtext*
Er rät Ihnen, wie Sie Ihre jeweilige Situation am besten nutzen können.

❂ *Der Situationstext*
Der Situationstext hilft Ihnen dabei, Ihren Pfad als Teil eines umfassenden Spielplans zu betrachten.

Ihre Reaktion auf die Antwort

Auf die Antwort des Zukunftsführers gibt es drei mögliche Reaktionen.

❂ *Sie trifft hundertprozentig zu*
Meistens werden Sie die Antwort ohnehin schon vorher wissen. Wir machen uns aus allen möglichen Gründen et-

was vor, aber wenn wir mit der Wahrheit konfrontiert werden, wird uns das ganz schnell klar. Sobald Sie wissen, was Sie machen sollen, geht es nur noch darum, wie Sie es umsetzen. Am besten fahren Sie, wenn Sie sich wieder an die drei oben genannten Faktoren halten.

Ich bin nicht sicher

Manchmal ist der Text für Ihre Frage offensichtlich nicht von Bedeutung. In diesem Fall verfahren Sie am besten so, als hätten Sie das I Ging nicht befragt. In neun von zehn Fällen wird die Bedeutung allmählich klar, und Sie können dann entsprechend vorgehen.

Das kann doch nicht stimmen!

In ganz wenigen Fällen widerspricht die Antwort des Zukunftsführers völlig Ihrem Gefühl. Letztendlich müssen Sie sich auf Ihre eigene Intuition verlassen und danach handeln. Die Befragung des I Ging ist nicht unfehlbar, und die Antwort kann durchaus auch nicht zutreffend sein. Es ist jedoch sinnvoll, sich gründlich mit dem Ratschlag auseinanderzusetzen und sich an ihn zu erinnern, falls sich Ihr Gefühl als falsch und der Rat sich als richtig erweist.

Los geht's!

Sie kennen jetzt die Grundlagen der I Ging-Befragung und sollten in der Lage sein, die erhaltene Antwort auszuwerten. Ich betone nachdrücklich, daß man die Kunst der Zukunftsvorhersage erst im Laufe der Zeit zu schätzen lernt, auch wenn Sie mit dem Zukunftsführer für Zeitreisende einen Startvorteil haben. Zwischen einem Benutzer und dem I Ging besteht eine tiefe, schöne Beziehung. Anfangs mag eine gewisse Verwirrung herrschen, aber mit der Zeit entwickelt sich gegenseitiges Vertrauen und Verständnis.

Man sollte zunächst nicht zu schnell zu viel ausprobieren. Wenn Sie im Anfangsstadium versuchen, sich sklavisch an den Zukunftsführer zu halten, leidet darunter möglicherweise Ihre Unabhängigkeit, und das schwächt Sie.

Richtig ist es, wenn Sie die Weisheit unserer Vorfahren verinnerlichen. Dann werden Sie feststellen, daß Sie im Laufe der Zeit ganz automatisch in Einklang mit dem I Ging handeln.

Wenn Sie sich nicht an den Rat des Orakels halten und es später bedauern, werden Sie den Rat, wenn Sie ihn noch einmal bekommen, leichter befolgen können. Sie brauchen dazu nicht viel Selbstdisziplin, denn der Selbsterhaltungstrieb arbeitet für Sie.

Auch in Fällen, wo Sie den Rat befolgt haben und erfolgreich waren, brauchen Sie keine große Willenskraft, um die Erfahrung zu wiederholen. Im besten Fall haben Sie etwas Kühnes getan, für das Sie normalerweise nicht den Mut aufgebracht hätten. Nach so einer Erfahrung wird der Zukunftsführer zu einem teuren Freund.

Wenn Sie den Zukunftsführer für Zeitreisende mehrere Jahre lang benutzt haben, werden Ihnen die Situationen wie gute alte Freunde vorkommen. Jedesmal wenn Sie Ihr Buch aufschlagen, klingen in jeder Zeile des Textes Erinnerungen an, sowie Verständnis für Ihre Vergangenheit und Zukunft.

Mit den Ratschlägen in diesem Buch sollen Sie Ihren freien Willen weiterentwickeln. Bei korrekter Anwendung werden sie Ihnen dabei helfen, schnell und präzise Entscheidungen zu treffen. Der Zukunftsführer soll niemals Ihre persönlichen Beurteilungen ersetzen, sondern sie vervollkommnen.

Tiefere Einblicke

Dieses Buch ist in erster Linie eine Einführung ins I Ging, denn es gibt natürlich noch viel mehr zu lernen. Das I Ging, eines der ältesten Bücher der Welt, hat in China ebensogroßen Einfluß wie die Bibel in der westlichen Welt.

Damit Sie möglichst viel von diesem Buch haben, müssen Sie jedoch den Begriff *Bestimmung* verstehen, auf dem das I Ging basiert. Im Wesen ist die Mehrheit der Menschen in zwei Lager gespalten, wenn es um das Schicksal geht. Es gibt die Fatalisten, die glauben, ihre Bestimmung sei schon weitgehend vorgezeichnet, und wenn man an der Reihe sei, treffe es einen auch. Dann gibt es die Rationalisten, die glauben, es gebe keinen Plan und alles geschehe zufällig.

Im Osten gibt es solche Schwarz-Weiß-Vorstellungen von Schicksal nicht. Man glaubt zwar, daß die Zukunft bereits vorgezeichnet ist, die Details aber erst dann endgültig feststehen, wenn die Ereignisse tatsächlich eintreffen. Das heißt, daß die Menschen ihre Bestimmung ändern können, indem sie ihr Verhalten im letzten Moment ändern. Würden wir alles dem Zufall überlassen, dann wären wir alle wohl ziemlich durchschnittlich, aber mit den richtigen Korrekturen können wir mit größerer Freude mehr erreichen und zu einem »besseren Selbst« gelangen.

Das Ziel beim I Ging ist Selbstverbesserung. Sie folgt dem Prinzip, daß ein gesunder, ausgeglichener und erfolgreicher Mensch für die Welt ganz allgemein ein Gewinn ist.

1.

Das Haus der Herausforderung

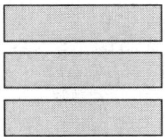

Der Verborgene.
Allmächtig.
Flink wie ein hungriger Tiger.
Endlose Geduld.
Unter frostklarem Himmel.
Der Drache wartet.

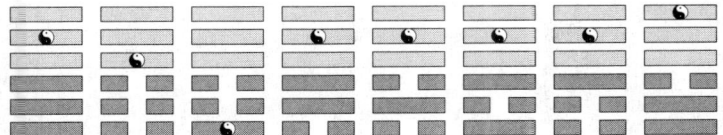

Die Herausforderung (der Drachen) ist ein Meister des Schicksals, wie ein himmlischer Pate. Die Herausforderung hat zwei Gesichter, ein aktives, dynamisches, das zu allem fähig ist – das ist der »hungrige Tiger«. Die andere Seite ist geduldig, tiefgründig und manipulativ, der große Puppenspieler.

Im Leben zeigt sich die Herausforderung in Gestalt eines Feindes, einer Person oder Sache, die gesandt wurde, um Sie auf die Probe zu stellen. Es tauchen Schwierigkeiten auf, die dazu führen, daß Sie Dinge anders als bisher tun. Sie müssen etwas verändern, um die Probleme zu vermeiden, und dadurch haben Sie mehr Erfolg als erwartet.

Die Herausforderung bietet Ihnen zwei Chancen, die leichte und die schwierige. Zuerst wird Ihnen der leichte Weg angeboten, aber hier müssen Sie schnell handeln. Wenn Sie das nicht tun – und so geht es den meisten Menschen –, dann geraten Sie unter Druck. Herausforderungen verursachen Ihnen Probleme, die Sie in die gewünschte Richtung vorwärtstreiben; das ist der schwierige Weg. Drachenmenschen sind kritisch und neigen dazu, andere zu tyrannisieren. Sie erzielen gute Leistungen in ihrer Tätigkeit und haben wenig Geduld.

Situation 1.1

Begegnung mit dem Drachen

Ein würdiger Gegner.
Die Kampflinien stehen fest.
Treten Sie einen Schritt vor, wenn Sie sich
trauen.
Belohnungen für die Starken.
Bekämpfen Sie einen überlegenen Widersacher.
Suchen Sie sich Beistand.

Herausforderung im Haus der Herausforderung. Dies bedeutet, daß Sie sehr hart auf die Probe gestellt werden. Nicht die einfachste Beziehung, aber sie hat dynamisches Potential.
Wenn Sie mit Gewalt vorwärtsstürmen, stoßen Sie wahrscheinlich auf jemanden oder etwas, das Sie auf die Probe stellen wird. Das ist mit der »Begegnung mit dem Drachen« gemeint. Ob diese Begegnung wünschenswert ist oder nicht – diese Frage müssen Sie entscheiden. Wenn Sie wirklich weitermachen wollen oder müssen, können Sie es tun. In den meisten Fällen sind die Risiken akzeptabel und Erfolg möglich.
Es gibt eine alternative Strategie: Wenn Sie nicht nach dem Drachen suchen, wird er nach Ihnen Ausschau halten. In der Praxis heißt das, Handlungen und Entscheidungen eine Weile hinauszuzögern und abzuwarten, was passiert. Oft zeichnet sich dann ein Weg ab, wie Sie Ihre Ziele besser erreichen können.
Als »Zeitvorhersage« erzwingt diese Situation Veränderungen. Wenn Sie damit arbeiten, können Sie die Voraussetzungen für ein wesentlich besseres Leben schaffen.

Verborgene Absichten.
Der Drache schläft unter der Wasseroberfläche.
Halten Sie ein. Warten Sie.
Der Sinn wird klar.

Es gibt etwas, das Sie wissen sollten, bevor Sie irgend etwas unternehmen. Warten Sie eine Weile ab, dann entwickeln sich die Ereignisse in eine unerwartete Richtung. Sie werden bald in einer besseren Position sein, um die Umstände auszunutzen.

Zeit: Recht lebhaft. Ein guter Zeitpunkt, um reinen Tisch zu machen, Ihr Leben neu zu organisieren und sich auf künftige Unternehmungen vorzubereiten. Legen Sie sich bei Plänen nicht endgültig fest, gehen Sie in dieser Phase keine Verpflichtungen ein. Ruhe und Erholung sind empfehlenswert; halten Sie Ihre Augen offen für Gelegenheiten.

Pfad 1.1/2

Der Drache hat ein Spiel für Sie.
Überdenken Sie Ihre Position gründlich.
Sehen Sie sich nach Verbündeten um.

Möglicherweise sind Ihre Mitmenschen schwierig. Erfolg ist möglich, aber Sie müssen sich überlegen, ob sich die Anstrengung lohnt. Oft ist es besser, geduldig abzuwarten. Sie werden später das Gewünschte bekommen, ohne dafür kämpfen zu müssen.

Zeit: Dynamisch. Sie können mit neuen Projekten beginnen und den Grundstein für künftige Unternehmungen legen. Sehen Sie unerwarteten Schwierigkeiten tapfer ins Auge, dann geht alles gut. Sie sollten Ihrem Schicksal nicht ausweichen, treffen Sie lediglich Vorkehrungen. Geistige und körperliche Betätigung wird sich besonders lohnen. Ein edles Projekt wird gelingen. Achten Sie auf gute Gelegenheiten.

Pfad 1.1/3 ☺

Die eigene Schwäche wird bloßgestellt.
Der Drache versucht, Sie zu verletzen.
Seien Sie den ganzen Tag über aktiv.
Nachts wird die Ruhe gestört.
Wenn Sie schlau sind, droht keine Gefahr.

Es läuft nicht so gut, wie Sie es gern hätten. Sie müssen mehr arbeiten und bekommen dafür weniger als erwartet. Auch könnten Sie sich ernsthaft verletzen oder etwas verlieren. Aber mit Vorsicht können Sie diesen Pfad erfolgreich beschreiten. Lassen Sie sich nicht zu sehr von Konkurrenzdenken leiten: machen Sie sich Menschen, die stärker sind als Sie, zu Freunden, nicht zu Feinden. Es könnte etwas auf Sie zukommen, wenn Sie abwarten, bis andere darum gekämpft und das Interesse daran verloren haben.

Zeit: Dynamisch, aber mit viel Ärger verbunden; viel Arbeit und viele Sorgen. Konzentrieren Sie sich auf Ihre höchsten Ziele, dann kommen Sie nicht vom Weg ab. Hüten Sie sich vor Verletzungen. Training führt letztlich zum Erfolg.

Pfad 1.1/4

Der Drache fliegt hierhin und dorthin.
Wo wird er landen?

Hier ist eine gewisse Verwirrung möglich. Warten Sie ab, wie sich die Dinge entwickeln.
Zeit: Eine wichtige Phase. Bedeutungsvoll, wenn auch möglicherweise stressig. Das meiste gelingt. Denken Sie gründlich nach; Ihre Position gestattet es Ihnen, Veränderungen für Ihre Zukunft vorzunehmen. Verschwenden Sie Ihre Energie nicht an unbedeutende Probleme, die Sie von den wirklich wichtigen Dingen ablenken.

Pfad 1.1/5

Der Drache blickt von oben herab.
Suchen Sie nach mächtigen Verbündeten.

Ihre Vorhaben beruhen wahrscheinlich auf vernünftigen Überlegungen, aber denken Sie noch einmal darüber nach, ob Sie sie nicht auf eine einfachere Weise verwirklichen können.
Zeit: Aktiv, gefährlich, mit wichtigen Gelegenheiten. Ihre Position ist stärker, als Sie denken. Möglicherweise gibt es viele Probleme, aber wenn Sie entschlossen dagegen angehen, lösen sie sich bald. Versuchen Sie, sich nicht über Alltagskram aufzuregen, und konzentrieren Sie sich auf Ihre langfristigen Interessen. Sie sind geistig stark genug, um Hindernisse zu überwinden.

Handeln Sie nicht wie ein launischer Drache.
Sie werden es bereuen.

Weitermachen ist gefährlich, besonders wenn Sie impulsiv handeln.

Zeit: Unbequem und ruhelos; Sie könnten vielleicht in etwas hineingeraten, das Sie später bereuen. Wenn Sie sich einfühlsam verhalten und bei dem bleiben, was Sie am besten können, werden Sie von dieser Zeit profitieren.

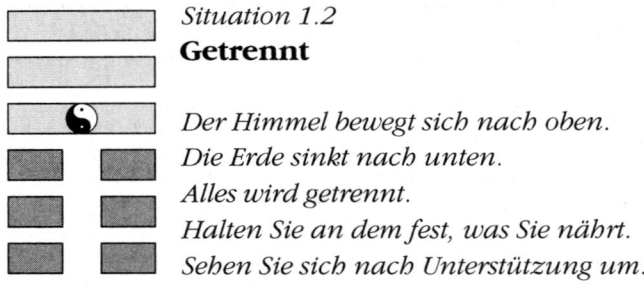

Situation 1.2
Getrennt

Der Himmel bewegt sich nach oben.
Die Erde sinkt nach unten.
Alles wird getrennt.
Halten Sie an dem fest, was Sie nährt.
Sehen Sie sich nach Unterstützung um.

Entwicklung im Haus der Herausforderung. Diese Kombination funktioniert auch umgekehrt gut (Herausforderung im Haus der Entwicklung), aber dort ist die Beziehung belastet. Das Problem ist, daß diese beiden in entgegengesetzte Richtungen streben und ihre Energie nicht mehr auf ein gemeinsames Projekt richten können.

Vereint stehen wir, geteilt fallen wir. In dieser Situation fällt es Ihnen oft schwer zu entscheiden, welche Prioritäten Sie setzen sollen. Sie fühlen sich möglicherweise von entgegengesetzten Strömungen hin- und hergerissen und Ihr Wille ist durch Unentschlossenheit geschwächt. Es besteht auch die Gefahr, daß Sie, wenn Sie es allen recht machen wollen, nichts erreichen, oder – schlimmer noch – bereits Erreichtes wieder verlieren.

Am besten konzentrieren Sie sich geduldig auf Ihre derzeitige Arbeit und lassen sich nicht ablenken. Wenn Sie diesen Rat befolgen, wird Ihnen nichts passieren. Möglicherweise können Sie auch einen bescheidenen Erfolg verzeichnen.

Der Krapp wird geerntet.
Mit Wurzel und Blatt.
Immer noch teilweise blockiert.
Glück.

Krapp ist eine Pflanze, deren Wurzel roten Farbstoff produziert. Die Wurzel ist der Geist, das Blatt ist weltlich. In diesem Fall findet man, wenn man etwas Weltliches erntet, etwas Spirituelles, das bringt Glück.

Da dies aber eine Zeit der Blockade ist, müssen Sie langsam vorgehen und dürfen nicht zu früh zuviel erwarten. Genießen Sie die Freuden, die sich Ihnen bieten.

Zeit: Einige Probleme, aber alles klärt sich, wenn Sie konsequent weiterarbeiten. Versuchen Sie, gute Voraussetzungen für künftigen Erfolg zu schaffen. Treffen Sie Abmachungen.

Halten Sie nur das Unvermeidliche aus.
Die Schwachen kommen weiter.
Die Starken werden aufgehalten.

Es ist nicht immer einfach zu wissen, wann genug genug ist. Am besten gehen Sie Veränderungen vorsichtig an, aber wenn Sie sich von Dingen freimachen können, die Ihr Wohlergehen bis jetzt untergraben haben, dann tun Sie es.

Zeit: Sie können in kleinen Dingen beachtliche Fortschritte erzielen, aber heben Sie sich wichtige Dinge für später auf.

Pfad 1.2/3 😖

Die rituelle Opfergabe ist schlecht vorbereitet.
Die Arbeiter sind faul.
Nur langsam nähert man sich dem Ende.

Dies bezieht sich oft auf Verzögerungen, die durch die Begriffsstutzigkeit anderer verursacht wurden. Seien Sie geduldig, aber standhaft. Sie können dem guten Willen anderer nicht trauen.

Zeit: Machen Sie sich auf Verzögerungen und Rückschläge gefaßt. Nicht alles gerät ins Stocken. Schreiten Sie also da voran, wo es geht.

Pfad 1.2/4

Wenn Sie für das allgemeine Wohl arbeiten,
werden Sie gleichgesinnte Freunde finden.

Wenn Sie eine gute Idee haben und entschlossen sind, können Sie schlechte Zeiten in gute verwandeln. Harte Arbeit, aber es lohnt sich.

Zeit: Derzeit nicht gut, aber Sie können eine große Verbesserung erzielen, wenn Sie hart arbeiten und nach einer guten Gelegenheit Ausschau halten.

Pfad 1.2/5

Die Blockade läßt sich auflösen.
Handeln Sie mutig.
Laufen Sie weg! Laufen Sie weg!
Es ist besser, an einem Maulbeerbaum festgebunden zu sein.

Dieser Pfad überwindet die Blockade, aber es sieht eine Zeitlang schlecht aus. Es besteht eine gewisse Gefahr, daß Sie die Nerven verlieren, daher der Rat, sich an etwas zu binden.
Zeit: Gut, um Dinge in Ordnung zu bringen. Seien Sie geschäftig und entschlossen.

Pfad 1.2/6

Der Strom ist fast geklärt.
Noch eine Anstrengung, und das Glück wird sich einstellen.

Beim sechsten Pfad geht es oft darum, zuerst etwas zu Ende zu bringen, bevor man weitermacht. Ein neues Projekt wird Sie von wichtigen Aufgaben ablenken. Achten Sie darauf, drängende Angelegenheiten nicht zu vernachlässigen.
Zeit: Aus dem Schatten treten; Sie müssen geduldig sein und sich weiterhin konsequent durch Schwierigkeiten hindurcharbeiten. Bald wird sich alles zum Besseren wenden.

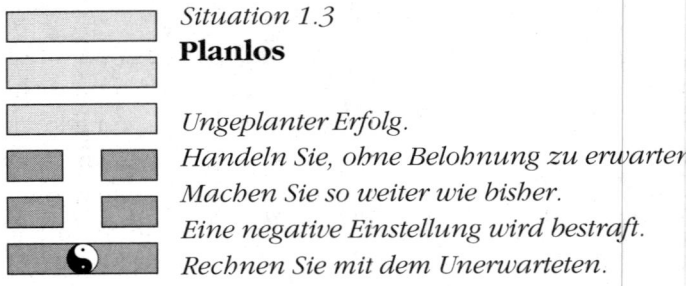

Situation 1.3
Planlos

Ungeplanter Erfolg.
Handeln Sie, ohne Belohnung zu erwarten.
Machen Sie so weiter wie bisher.
Eine negative Einstellung wird bestraft.
Rechnen Sie mit dem Unerwarteten.

Handlung im Haus der Herausforderung. Diese beiden bilden ein natürliches Paar und brauchen ihre Handlungen nicht zu planen; sogar aus ihren Fehlern entsteht etwas Sinnvolles.

Ihre Instinkte und Gefühle sind richtig, aber vielleicht Ihre Denkweise nicht. Träume von Belohnung beeinträchtigen das Denkvermögen, und Prioritäten geraten ins Wanken. Um dem entgegenzuwirken, muß man handeln, ohne Pläne zu schmieden, und einfach seinen Gefühlen und dem gesunden Menschenverstand folgen. Hält man sich an diesen Rat, so wird das zu einer neuen und erfüllenderen Lebenseinstellung führen.

Die zweite Bedeutung lautet, sich mit dem Unerwarteten abzufinden. Wenn Sie als Antwort diese Situation erhalten, gibt es oft in letzter Minute Veränderungen, Pechsträhnen oder andere überraschende Ereignisse. Aufgrund dieser Ereignisse ändern Sie die Richtung, und dies mag wie eine Pechsträhne aussehen, wird sich letzten Endes aber für Sie positiv auswirken. Das ist ein weiterer Grund dafür, ohne Erwartungen zu handeln. Dann kann man sich an Richtungsänderungen schnell und mühelos anpassen.

Tun Sie Dinge um ihrer selbst willen. Wirklich gute Dinge kann man nur so tun. Wenn kreative Menschen darauf warten würden, bezahlt zu werden, bevor sie kreativ werden, hätte es die meisten großen Errungenschaften und Leistungen nie gegeben. Damit sind nicht nur große Dinge gemeint. Man kann durchaus in der Freizeit ein sehr guter Maler sein, ohne darauf zu hoffen, damit Geld zu verdienen. Von Ihren Mitmenschen helfen Ihnen nur selten diejenigen, denen Sie helfen, aber das heißt nicht, daß Sie ab jetzt niemandem mehr helfen sollten. Diese Situation warnt Menschen mit egoistischer Einstellung vor einer Pechsträhne während dieser Zeit.

Pfad 1.3/1

Unerwartetes Glück.
Schreiten Sie vertrauensvoll voran.

Der Vorteil, den Ihre Pläne bringen, wird nicht wie erwartet ausfallen, aber langfristig gesehen werden Ihre Erwartungen übertroffen werden.

Zeit: Eine Zeit der Überraschungen. Tun Sie das, was Sie für richtig, nicht für zweckdienlich halten, das gleicht dann alle Verluste aus. Egoistisches Verhalten bringt Ihnen Pech.

Pfad 1.3/2

Pflügen, ohne an die Ernte zu denken.
Das Feld vorbereiten, bevor Sie sich überlegen, wie Sie es nutzen wollen.
Es empfiehlt sich zu handeln.

Es läuft nicht so wie gewünscht, aber es gibt keine großen Unglücksfälle. Halten Sie an Ihren Plänen fest, aber ändern Sie etwas, wo nötig.

Zeit: Ganz gut. Es stehen Überraschungen bevor. Machen Sie einfach weiter und warten Sie ab, wie sich die Dinge entwickeln.

Pfad 1.3/3

Die angebundene Kuh wird gestohlen
Sie verlieren, der Dieb gewinnt – wirklich ungerecht.

Auf diesem Pfad wird Unbedarftheit bestraft. Achten Sie darauf, ob Ihre Mitmenschen böse Absichten haben. Ungeeignet zum Handeln, aber nicht katastrophal. Machen Sie sich auf einige Verluste gefaßt.

Zeit: Unerwartetes und ungerechtes Pech; halten Sie Ihre Schätze ganz fest.

Pfad 1.3/4

Kein unmittelbarer Gewinn.
Der Weg wird deutlich.
Zuversichtlich und ruhig.

Machen Sie zuversichtlich weiter, aber halten Sie sich Ihre Wahlmöglichkeiten offen. Sie sind auf dem richtigen Weg, also gehen Sie weiter.

Es muß etwas verändert werden, aber verlieren Sie möglichst nicht Ihren Schwung.

Zeit: Unerwartete Ereignisse. Behalten Sie einen klaren Kopf, es könnte von Vorteil sein.

Überraschende Ereignisse.
Wenn Sie ein starkes Medikament nehmen.
Setzen Sie ein bißchen Schlauheit ein.

Dies bedeutet oft, daß Sie eine wirksame Methode einsetzen sollten, um Probleme zu überwinden. Ganz automatisch geschehen die Dinge zu Ihrem Vorteil, aber es besteht die Gefahr, daß Sie gelegentlich vom Kurs abkommen. Stellen Sie es schlau an, damit alles nach Wunsch weitergeht. Erzählen Sie den anderen, was sie hören wollen.

Zeit: Lassen Sie den Dingen ihren Lauf; konzentrieren Sie sich lediglich auf Ihre Arbeit. Halten Sie Ausschau nach guten Gelegenheiten. Machen Sie sich keine Gedanken über Schwierigkeiten, denn sie werden von selbst vorübergehen.

Pfad 1.3/6

Leichtsinniges Handeln.
Verletzungen.

Sie können sich diesmal nicht auf Ihren Instinkt verlassen. Setzen Sie Ihren Verstand ein, um Verletzungen zu vermeiden. Mit Handeln können Sie viel erreichen.

Zeit: Schwierig. Hüten Sie sich vor impulsiven Handlungen.

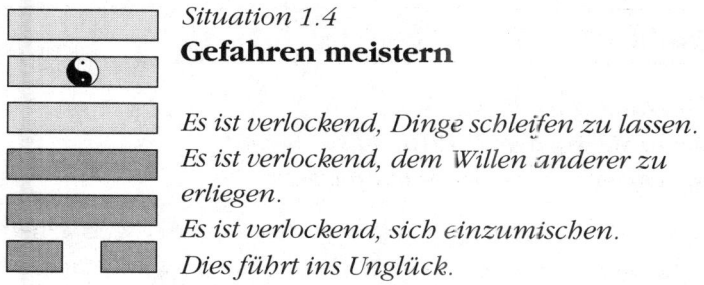

Situation 1.4
Gefahren meistern

Es ist verlockend, Dinge schleifen zu lassen.
Es ist verlockend, dem Willen anderer zu
erliegen.
Es ist verlockend, sich einzumischen.
Dies führt ins Unglück.

Gute Jagd im Haus der Herausforderung; obwohl sich diese Archetypen gegenseitig anziehen, können sie sich langfristig Schaden zufügen. Die Gute Jagd kennt die herrische Art der Herausforderung, die die Gute Jagd zermürbt, genau. Die Herausforderung fürchtet die Intelligenz und Kompetenz der Guten Jagd. Die Macht der Herausforderung ist das Ergebnis von Konzentration.

Im wesentlichen haben Sie es mit Kräften zu tun, die Ihnen überlegen sind. Diese Kräfte sind nicht besonders freundlich – ganz typisch für das Haus der Herausforderung. Die einzelnen Pfade sind unterschiedlich: Manche Menschen müssen sich zurückziehen, andere wiederum Vorkehrungsmaßnahmen treffen und ihr Glück versuchen.

Man muß die Situation genauestens betrachten, denn die Gefahr zeichnet sich vielleicht noch nicht so deutlich ab. Die Schwierigkeiten entstehen oft durch eine Verlockung, die ins Unglück führt. Sie müssen gründlich über die Zukunft nachdenken und in Ihrem eigenen Interesse handeln.

Pfad 1.4/1

Die Gefahr läßt sich abwenden.
Treten Sie rasch auf die Bremse.
Ein angebundenes Schwein läuft nicht weg.

Es gibt Gefahren, denen Sie möglichst aus dem Weg gehen sollten. Bewahren Sie Ruhe, handeln Sie nicht impulsiv.
Zeit: Seien Sie äußerst wachsam. Eine Gefahr, die jetzt unbedeutend erscheint, kann sich zu etwas Unerfreulichem ausweiten.

Pfad 1.4/2

Sie haben Fische in Ihrem Beutel.
Hüten Sie sich vor zweifelhafter Gesellschaft.

Fische im Beutel bedeuten Gewinn; zweifelhafte Gesellschaft bedeutet, daß Sie diesen Gewinn möglicherweise auf fragwürdige Weise erworben haben. Dieser Pfad bietet einige Vorteile, könnte Sie aber von Ihrem eigentlichen Pfad abbringen, wenn Sie ihm zu weit folgen.
Zeit: Im Augenblick ist alles in Ordnung, aber Sie können nicht ewig so weitermachen. Nutzen Sie all Ihre Gewinne dazu, sich eine bessere Zukunft zu schaffen.

Pfad 1.4/3

Laufen, bis man Blasen an den Füßen hat.
Mißerfolg, aber keine große Gefahr.

Ein Plan scheitert. Dieser Pfad ist schwierig und bietet wenig
Aussicht auf Gewinn; vermeiden Sie ihn also, wenn möglich.
Wenn Sie weitermachen müssen, seien Sie standhaft, aber
wachsam, dann passiert Ihnen wahrscheinlich nichts.
Zeit: Es bereitet Ihnen Schwierigkeiten, Ihren Weg weiterzu-
gehen. Sie sind in einer schlechten Position, sollten aber so
gut es geht weiterkämpfen. Je weniger Sie unternehmen, desto weniger Mißerfolge haben Sie.

Pfad 1.4/4

Gefahr ist im Anzug.
Keine Fische in Ihrem Beutel.
Tun Sie schnell etwas.

Dieser Pfad führt zu einer Katastrophe. »Keine Fische« bedeutet, daß Ihre Ressourcen bald erschöpft sein werden. Sie müssen Ihre Pläne schleunigst ändern. Bewahren Sie Ruhe, handeln Sie umsichtig, dann können Sie sich noch in Sicherheit
bringen.
Zeit: Dies ist ein sehr schlechtes Vorzeichen für Ihre Zukunft,
aber Sie haben noch genügend Zeit, in Ihrem Leben etwas zu
verändern. Sehen Sie schwierigen Entscheidungen tapfer ins
Auge. Bewahren Sie klaren Verstand und überlegen Sie, was
zu tun ist.

Pfad 1.4/5 😊

Die Frucht ist reif.
Ihnen bleiben Dinge verborgen.
Handeln Sie jetzt mit dem Segen des Himmels.

Reife Frucht bedeutet eine gute Gelegenheit, die Sie unverzüglich nutzen sollten. Vielleicht wartet ein verborgener Gewinn auf Sie. Mit Diplomatie ziehen Sie sich aus einer schwierigen Affäre. Obwohl sich alle gegen Sie verschworen haben, liegen die Pläne Ihrer Widersacher offen zutage und können Ihnen nichts anhaben, wenn Sie jetzt handeln. Für korrektes Handeln werden Sie belohnt. Reisen ist günstig.

Zeit: Jetzt ist die Zeit für Veränderungen in Ihrem Leben. Lassen Sie alte Probleme hinter sich. Steigen Sie weiter auf.

Pfad 1.4/6 😊

Auge in Auge mit der Gefahr.
Bahnen Sie sich mit der Hupe den Weg.

Die Hupe benutzen heißt, die erforderliche Kraft einsetzen. Dieser Pfad bietet Ihnen eine gute Gelegenheit in einer schwierigen Zeit. Sie sollten entschlossen handeln. Führen Sie Ihre Pläne schnell zu Ende. Lassen Sie sich nicht von anderen in deren Pläne hineinziehen. Reisen ist günstig.

Zeit: Ärger ist im Verzug. Seien Sie rücksichtslos. Sie können Erfolge erzielen und sich von alten Problemen lösen. Haben Sie keine Angst davor, Ihren eigenen Weg zu gehen. Entschlossenes Handeln wird Ihnen Glück bringen.

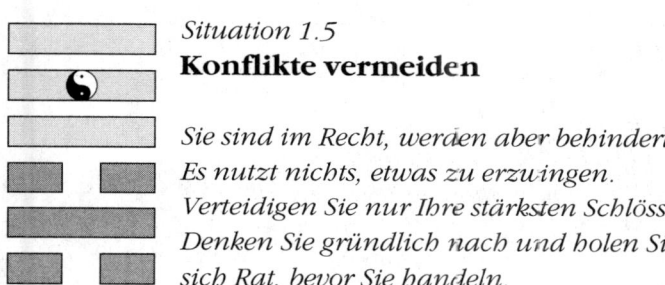

Situation 1.5
Konflikte vermeiden

Sie sind im Recht, werden aber behindert.
Es nutzt nichts, etwas zu erzwingen.
Verteidigen Sie nur Ihre stärksten Schlösser.
Denken Sie gründlich nach und holen Sie
sich Rat, bevor Sie handeln.

Unglück im Haus der Herausforderung ist eine ungünstige Kombination. Aber wenn Sie Auseinandersetzungen vermeiden, läßt sich ein annehmbares Arbeitsverhältnis aufbauen. Im allgemeinen, wenn man abwarten kann, lösen sich in dieser Situation Schwierigkeiten von selbst. Wenn Sie Ihr Monopol verteidigen, wird Ihnen jemand oder etwas mehr Angst bereiten, als vorauszusehen war. Deshalb ist es besser, nicht zu kämpfen. Sie können nur das behalten, was unbestritten Ihnen gehört. Wenn Sie sanft auf Ihre Mindestansprüche pochen, wird Sie das vor Schaden bewahren.

Pfad 1.5/1

Konflikte, wenn Sie weitermachen.
Es ist leicht, jetzt aufzuhören.

Sie werden Ihr Gesicht, nicht aber Ihren Besitz verlieren. Je weniger Sie sagen, desto besser. Der Ärger geht vorbei. Machen Sie vorsichtig weiter, fangen Sie nichts Neues an.
Zeit: Schwierige Zeiten, andere werden Sie ungerecht behandeln, aber Sie können wenig dagegen tun.

Pfad 1.5/2

Sie müssen sich zurückziehen.
Kein Gesichtsverlust.
Der Feind ist eindeutig überlegen.

Vermeiden Sie Diskussionen, dann sehen die anderen, daß Sie recht haben. Lassen Sie künftig Vorsicht walten, fangen Sie nichts Neues an.
Zeit: Schwierige Zeiten, andere werden Sie ungerecht behandeln, aber Sie können wenig dagegen tun. Halten Sie ohne Murren durch, dann wird alles gut.

Pfad 1.5/3

Lernen Sie Ihren Feind kennen.
Unternehmen Sie jetzt nichts.
Suchen Sie nicht nach Hilfe, nehmen Sie keine Hilfe an.

Studium und Forschung machen sich bezahlt. Finden Sie sich mit schwierigen Situationen oder Menschen ab, bis Sie eine

gute Möglichkeit sehen, sie zu überwinden. Lassen Sie künftig Vorsicht walten. Fangen Sie kein neues Projekt an.
Zeit: Schwierige Zeiten. Sie fühlen sich deshalb zwar unwohl, aber Streiten hilft nichts.

Pfad 1.5/4

Mit Kämpfen erreichen Sie nichts.
Nehmen Sie einen Verlust in Kauf.
Langfristig gesehen besser.

Es bringt Glück, Diskussionen zu vermeiden, indem man seine Einstellung ändert. Lassen Sie künftig Vorsicht walten und fangen Sie nichts Neues an.
Zeit: Schwierige Zeiten, andere werden Sie ungerecht behandeln, aber Sie können wenig dagegen tun.

Pfad 1.5/5

Kämpfen und gewinnen Sie.
Nichts kann Sie aufhalten.
Handeln Sie schnell.

Ein schwieriger Pfad, aber es lohnt sich, ihm für eine gute Sache zu folgen. Sie können sich auf gefährliche Unternehmungen einlassen und Erfolg haben, wenn Sie sich anstrengen. Sie sollten unbedingt darauf achten, pünktlich zu sein. Kalkulieren Sie kleinere Verzögerungen mit ein, sie könnten sonst Ihre Pläne zunichte machen (mir ist einmal ein wichtiges Geschäft entgangen, weil ich mich ein bißchen verspätet hatte).

Zeit: Mit rücksichtslosem Handeln können Sie Beachtliches erreichen. Seien Sie offen für gute Gelegenheiten und wappnen Sie sich gegen auftretende Probleme. Wenn Sie es versäumen, Ihre Interessen zu wahren, könnte Sie das teuer zu stehen kommen.

Pfad 1.5/6

Nachdem Sie den ganzen Tag gekämpft haben.
Sie verlieren drei Dinge.
Sie haben weniger als am Anfang.

Sie werden sich sinnlos verausgaben, wenn Sie versuchen, alles zu tun. Halten Sie sich aus Ärger heraus. Die Zeiten sind schwer, und es ist besser, wenn Sie sich an das halten, was Sie haben.

Zeit: Schwierige Zeiten. Sie werden sich unbehaglich fühlen, und es gibt alle möglichen Streitereien. Sie werden die Geduld eines Diplomaten aufbringen müssen. Überdenken Sie gründlich, ob Sie im Leben das Richtige tun.

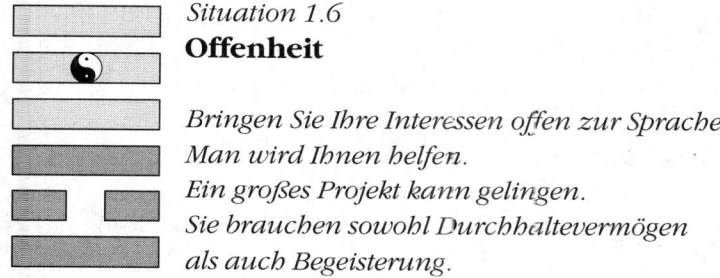

Situation 1.6

Offenheit

Bringen Sie Ihre Interessen offen zur Sprache.
Man wird Ihnen helfen.
Ein großes Projekt kann gelingen.
Sie brauchen sowohl Durchhaltevermögen
als auch Begeisterung.

Intensität im Haus der Herausforderung. Die Intensität ist glänzend, die Herausforderung hat Macht – eine gute Kombination. Die Intensität ist sehr freundlich, und dies macht das barsche Wesen der Herausforderung wieder wett.

Jetzt ist ein sehr guter Zeitpunkt für Beziehungen. Reden Sie mit anderen Menschen, Sie können dabei gute Kontakte knüpfen. Ein kühner Zug ist möglich, alle Geschäfte laufen gut. In dieser Situation empfiehlt sich eine offene Verbindung; denn Geheimbünde und Gruppen, die dem allgemeinen Wohl zuwiderhandeln, bringen Unheil. Seien Sie vertrauensvoll und freundlich zu anderen Menschen.

Pfad 1.6/1

Mit anderen am Tor.
Alles ist gut.

Die Geschäfte laufen gut, und die Leute kommen gut miteinander aus. Es wäre gut, wenn Sie Ihren Bekanntenkreis erweitern. Die meisten Vorhaben gelingen.
Zeit: Recht gut. Familie und Geschäfte laufen gut. Halten Sie nach guten Gelegenheiten Ausschau, um neue Freunde zu gewinnen.

Pfad 1.6/2

Der Clan blickt nach innen.
Alles andere als ideal.

»Der Clan blickt nach innen« bedeutet Schwäche: Sie können nur im kleinen Rahmen etwas erreichen. Die Geschäfte laufen ganz ordentlich. Überlegen Sie, wie Sie sich stärken könnten.
Zeit: Heiter. Verausgaben Sie sich nicht. Halten Sie nach guten Gelegenheiten Ausschau, um neue Leute kennenzulernen. Verbringen Sie Zeit mit Freunden und arbeiten Sie beständig.

Pfad 1.6/3

Verstecken Sie sich in einem Dickicht
Erklimmen Sie den Hügel noch nicht.
Warten Sie drei Zeiteinheiten lang.

Verschieben Sie Pläne fürs erste. Anscheinend droht ein Streit oder etwas anderes Unerfreuliches. Es ist noch nicht die Zeit zum Handeln, aber bald ist es soweit. Halten Sie sich also bereit.

Zeit: Recht gut, wenn Sie nicht ungeduldig werden. Treffen Sie Vorbereitungen und schließen Sie Kontakte. Verbringen Sie Zeit mit Freunden. Arbeiten Sie beständig.

Pfad 1.6/4

Die Zinnen sind sicher.
Schließen Sie lieber Frieden.
Mit Konflikten erreicht man nichts.

Schreiten Sie nur dann voran, wenn Einverständnis herrscht. Nach anfänglichen Problemen wird ein Vorhaben erfolgreich sein.

Zeit: Recht gut. Räumen Sie Meinungsverschiedenheiten aus dem Weg und bereiten Sie sich auf den zukünftigen Erfolg vor.

Murmelndes Bedauern, auf das Gelächter folgt.
Schauen Sie über den Tellerrand hinaus.
Es gibt einen edlen Pfad.

Es klappt nicht alles so wie erwartet, und das ist enttäu-
schend. Langfristig bietet dieser Pfad jedoch Gewinne, die
alle zeitweiligen Nachteile aufwiegen. Das ist die Bedeutung
von »über den Tellerrand hinausschauen«. Wer sich ständig
über nichtige Probleme Sorgen macht, wird die Gelegenheiten, die die Zukunft bietet, niemals erkennen.
Zeit: Suchen Sie nach Möglichkeiten, Leute kennenzulernen.
Verbringen Sie Zeit mit Freunden und arbeiten Sie beständig.

Pfad 1.6/6

Gehen Sie über die Stadt hinaus.
Die Begegnung mit anderen wird Ihnen Glück bringen.

Dies ist ein guter Pfad für Reisen, insbesondere für solche, die
aus geschäftlichem oder gesellschaftlichem Anlaß angetreten
werden. Es läuft praktisch alles reibungslos.
Zeit: Gut. Suchen Sie nach Möglichkeiten, neue Leute kennenzulernen. Verbringen Sie Zeit mit Freunden und arbeiten
Sie beständig.

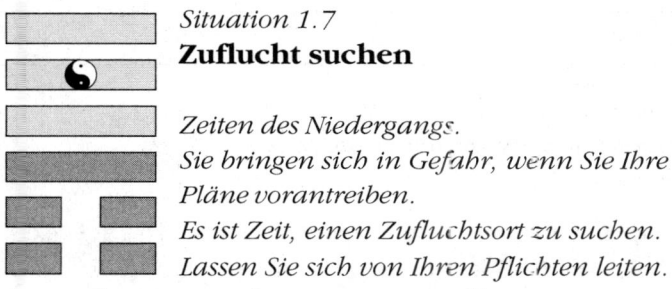

Situation 1.7
Zuflucht suchen

Zeiten des Niedergangs.
Sie bringen sich in Gefahr, wenn Sie Ihre
Pläne vorantreiben.
Es ist Zeit, einen Zufluchtsort zu suchen.
Lassen Sie sich von Ihren Pflichten leiten.
Wen sollen Sie mitnehmen, wen zurücklassen?

Feste Absicht im Haus der Herausforderung. Die Feste Absicht ist zu stark, als daß die Herausforderung auf ihr herumhacken könnte, also zieht sich die Herausforderung zurück.
Im Sommer ist es schön zu wandern, aber wenn der Winter naht, ist es Zeit, sich niederzulassen. In dieser Situation geht es um Rückzug, bevor es ernst wird. Sie brauchen sich mit den Wintervorbereitungen nicht zu beeilen, die Jahreszeiten sind gut vorhersehbar. Entscheiden Sie, wo und wem gegenüber Sie Verpflichtungen haben, und erfüllen Sie diese. Wenn es bei Ihrer Frage um einen Plan oder ein Vorhaben geht, ist es in den meisten Fällen besser, davon abzulassen.
Entscheidend ist die Frage, was Sie retten sollen. Wenn man richtig vorausplant und den Rückzug ordentlich durchführt, verliert man wenig. Schlechte Planung wird den Verlust erhöhen, und deshalb sollte Pflichtgefühl an erster Stelle stehen.
Bei den ersten drei Pfaden geht es darum, möglichst viel zu bewahren und zu retten. Die letzten drei kann man dann relativ unbeschwert angehen.

Pfad 1.7/1

Langsamer Rückzug.
Am hinteren Ende der Armee festsitzen.
Eine Gefahr.

Ein unbequemer Pfad, dem man nicht willentlich folgen sollte. Manchmal bedeutet er, daß Sie Pläne aufgeben und sich mit etwas auseinandersetzen sollten, das Sie vernachlässigen. Pflichten mögen Ihnen zwar langweilig erscheinen, müssen aber erfüllt werden.

Zeit: Gedrückte Stimmung und wenig Aussicht auf Erfolg. Es wäre gut, sich zurückzuziehen. Diese Zeit ist ziemlich unbedenklich, wenn Sie ein ruhiges Leben führen.

Pfad 1.7/2

Sich mit anderen zurückziehen.
Mit gelbem Oxid zusammengebunden.
Nichts kann sie trennen.

Vielleicht möchten Sie vorankommen, aber Sie sind an andere Pflichten gebunden (gelbes Oxid). Bevor Sie weitermachen können, müssen Sie zuerst diese Pflichten erfüllen.

Zeit: Keine großen Erfolgsaussichten. Ihre Position ist schwach, aber verhältnismäßig sicher.

Pfad 1.7/3

Ängstlicher Rückzug.
Nehmen Sie die Diener mit.
Sie werden Ihnen Glück bringen.

Wenn harte Zeiten kommen, ist es verlockend, einfach alles stehen- und liegenzulassen und aufzugeben. In diesem Fall haben Sie eine Menge zu verlieren, weshalb Sie versuchen sollten, zu retten, was zu retten ist. Wenn sich die Lage bessert, werden Sie bemerken, daß »Ihre Diener« (das können Gegenstände oder Menschen sein) wieder nützlich sind.
Zeit: Eine Menge Unruhe und Aufregungen, nicht zu schwerwiegend, vorausgesetzt, Sie behalten Ihren Kurs bei.

Pfad 1.7/4

Das Unvermeidliche annehmen.
Man findet eine Zuflucht.
Die Starken haben Glück.
Die Schwachen leiden.

Ein Vorankommen ist jetzt nicht mehr möglich, und Rückzug ist das einzig Vernünftige. Durch entschlossenes Handeln können Sie einen sicheren Zufluchtsort finden, aber mit halbherzigen Bemühungen bereiten Sie sich nur Probleme. Vielleicht sind Sie wegen der Konsequenzen besorgt, wenn Sie sich nicht nach den Plänen anderer richten. Ein Rückzug zum jetzigen Zeitpunkt ist jedoch leichter, als Sie denken. Jemand, der weggeht, kommt nicht wieder.

Zeit: Ruhig, ohne großartige Chancen, aber eine gute Zeit, um konsequent voranzukommen. Schmieden Sie keine großartigen Pläne.

Pfad 1.7/5 ☺

Erfolgreicher Rückzug.
Alles stimmt überein.
Machen Sie auf ruhige Weise weiter.

Hier schafft man ganz mühelos den Absprung, und es ist ganz klar, was zu tun ist.
Zeit: Eine gute Zeit, um sich in aller Ruhe mit praxisnahen Dingen zu beschäftigen.

Pfad 1.7/6 ☺

Erfreulicher Zufluchtsort.
Man findet einen anderen Weg.

Auf diesem Pfad entpuppt sich das, was als Rückzug begann, als Fortschritt in eine andere Richtung. Im großen und ganzen bewahrt man am besten Ruhe, aber eine Reise in die Berge wäre bestimmt nicht schlecht.
Zeit: Eine gute Zeit, um ein Studium aufzunehmen, Ferien an einem Ort zu verbringen, an dem Sie sich vorstellen können zu leben oder insgesamt auf ein besseres Leben hinzuarbeiten.

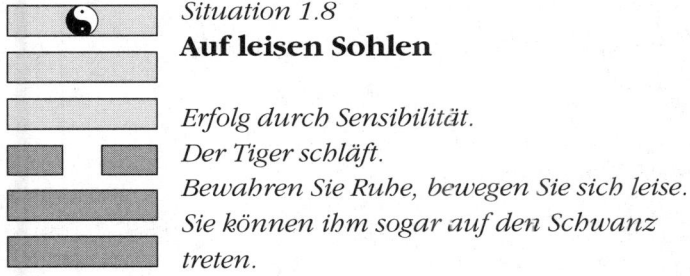

Situation 1.8
Auf leisen Sohlen

Erfolg durch Sensibilität.
Der Tiger schläft.
Bewahren Sie Ruhe, bewegen Sie sich leise.
Sie können ihm sogar auf den Schwanz
treten.

Flucht im Haus der Herausforderung. Die Flucht schleicht lieber dann um das Haus der Herausforderung herum, wenn diese schläft, deshalb sind leise Sohlen eine gute Idee.

In dieser Situation sollte man Wahlmöglichkeiten ins Auge fassen, ohne sich festzulegen. Sie bezieht sich oft auf Dinge, die, in kleinen Mengen genossen, am besten sind.

»Sensibilität« bedeutet, daß man die Stimmung anderer wahrnehmen und auf ihre Reaktionen achten soll. Achten Sie beim Sprechen auf kleine Anzeichen von Unbehagen und lenken Sie das Gespräch in eine andere Richtung. Das ist nur möglich, wenn man keine persönlichen Interessen verfolgt.

Dies ist keine einfache Situation, denn es lauern alle möglichen Gefahren, die Sie nicht meistern können, weil Ihnen die Kraft dazu fehlt. Der Tiger ist zwar sehr gefährlich, aber nicht so intelligent wie ein Mensch. Auf Ihr Leben übertragen bedeutet dies, daß Sie Ruhe bewahren und Schlauheit, Diplomatie und gute Laune einsetzen sollen, um Schwierigkeiten zu überwinden. Wenn Sie diese Fähigkeiten erst einmal beherrschen, können Sie sogar Stärkeren ganz unbesorgt Streiche spielen. Jetzt ist der richtige Zeitpunkt, dies zu üben.

Pfad 1.8/1

Einfache Schuhe.
Einfache Handlungen.
Bescheidener Erfolg.

Auf diesem Pfad kann man ruhig geradeheraus sein. »Einfache Schuhe« symbolisieren ehrliche Absichten, und das ist in diesem Fall angemessen. Gehen Sie Gefahren aus dem Weg, indem Sie kein Aufsehen erregen.
Zeit: Nicht leicht, aber es lassen sich Fortschritte erzielen. Vergewissern Sie sich, daß Sie mit wichtigen Leuten auf gutem Fuß stehen.

Pfad 1.8/2

Im Dunkeln wandeln.
Leise Sohlen, ebener Pfad.
Geduld bringt Glück.

»Im Dunkeln wandeln« deutet an, daß es Gefahren gibt, die Sie nicht sehen können. Ein ebener Pfad bedeutet, sich bequem aus der Affäre zu ziehen. Nicht gut für ein neues Projekt.
Zeit: Keine großen Erfolgschancen. Ein bißchen Schlauheit ist erforderlich; lassen Sie sich von niemandem in die Karten schauen. Für die Vorsichtigen gibt es eine geringe Ausbeute.

Pfad 1.8/3

Schwere Schuhe.
Einäugig, lahm und schwerfällig.
Der Tiger wird diesen einen nicht vorbeilassen.

Es sieht so aus, als seien Sie sehr nachlässig. Auf diesem Pfad könnte Schlamperei Sie teuer zu stehen kommen.
Zeit: Vielleicht ist es Zeit, eine neue Richtung einzuschlagen, denn wenn Sie so wie bisher weitermachen, können Sie sich auf Ärger gefaßt machen. Sie werden Menschen verletzen, die Ihnen wichtig sind. Entschuldigungen kosten nichts.

Pfad 1.8/4

Leise Sohlen und vorsichtige Schritte.
Der Tiger schläft immer noch.

Bei entsprechender Vorsicht ist Erfolg möglich.
Zeit: Keine großen Erfolgschancen, aber für die Vorsichtigen gibt es eine geringe Ausbeute.

Pfad 1.8/5

Schnelles Laufen rettet den Tag.
Während der Tiger abgelenkt ist.
Das Ziel ist klar.

Schwierige Probleme lassen sich effektiv bewältigen.
Zeit: Sie haben viele Probleme, aber wenn Sie umsichtig planen und Ihre Pläne rechtzeitig durchführen, können Sie sie überwinden.

Pfad 1.8/6

Schöne Schuhe.
Kühn, aber diskret.
Die Feindseligkeit ist beendet.

Der Tiger ist guter Laune, und mit gewohnter Höflichkeit lassen sich gute Beziehungen festigen. Das meiste gelingt.
Zeit: Gut. Mit Charme und Intelligenz läßt sich vieles erreichen.

2.

Das Haus der Entwicklung

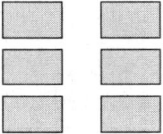

Das Samenkorn, das gute Erde findet,
wächst schnell.
Seine Wurzeln wachsen immer tiefer,
und es findet Halt.
Wenn seine Zeit abgelaufen ist,
kehrt es in den Boden zurück.

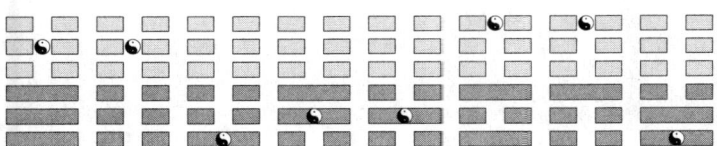

Dies ist ein passives Haus, es sorgt lediglich für den Raum, damit Dinge geschehen können. Die Erde selbst ist neutral, wenn also kein Samenkorn eingepflanzt wird, wächst auch nichts. Die meisten Situationen beziehen sich auf erfolgreiches Wachstum und Leistungen, die belohnt werden.

Es gibt aber eine dunklere Seite an diesem Haus, denn die Erde ist zugleich Mutterleib und Grab. Wir kommen aus ihr und kehren wieder dorthin zurück.

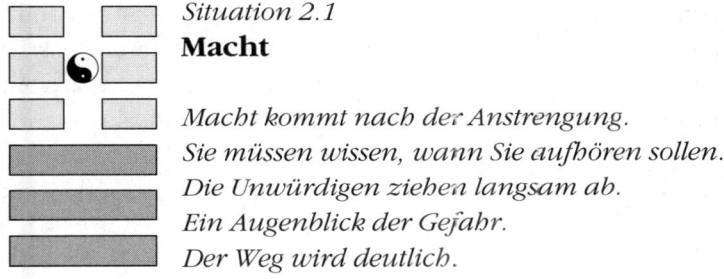

Situation 2.1
Macht

Macht kommt nach der Anstrengung.
Sie müssen wissen, wann Sie aufhören sollen.
Die Unwürdigen ziehen langsam ab.
Ein Augenblick der Gefahr.
Der Weg wird deutlich.

Die Herausforderung im Haus der Entwicklung. Dies ist eine ausgezeichnete Verbindung, denn diese beiden gleichen einander perfekt aus. Die Herausforderung ist aktiv und strebt aufwärts, die Entwicklung ist passiv und bewegt sich abwärts; sie treffen sich in der Mitte.

Sie müssen daran arbeiten, daß alles nach Wunsch gerät; Sie müssen Ihren Verstand einsetzen, damit alles so bleibt. In dieser Situation ist fast alles in Ordnung, aber es gibt einen letzten schwierigen Moment, bevor Sie die Früchte Ihrer harten Arbeit genießen können. Sie müssen ins Gleichgewicht kommen und Bilanz ziehen. Ganz gleich, welche Sorgen Sie haben, lösen Sie sich von ihnen, dann gehen sie von allein vorüber. Handeln Sie harmonisch, alles wird gelingen. Im Augenblick ist es gefährlich, sich von anderen Menschen in deren Probleme hineinziehen zu lassen. Bleiben Sie in Bewegung und setzen Sie sich keinem Unglück aus. Wenn Sie einen Plan haben, führen Sie ihn bald aus. Die Umstände werden später nicht mehr so günstig sein.

Diese Situation beschert Ihnen Erfolg und Vergnügen bei den meisten Dingen, die Sie gerne tun möchten. Es besteht die Gefahr, daß in letzter Minute etwas dazwischenkommt, was den Erfolg vereitelt (wenn Sie sich etwa dummerweise kurz vor dem Urlaub ein Bein brechen). Der Grund für die Gefahr ist allzu große Begeisterung. Seien Sie achtsam und setzen Sie nur ein Minimum an Kraft ein, dann gibt es keine Verletzungen. Anschaffungen werden sich langfristig als lohnend erweisen.

Pfad 2.1/1

Die Wurzeln finden Halt.
Schnelles Wachstum.
Sie werden Glück haben.

Ein Neubeginn glückt. Bei all Ihren Unternehmungen werden Sie Erfolg haben.
Zeit: Dies ist eine sehr gute Zeit, und Sie sollten sie voll ausnutzen, sowohl in der Arbeit als auch in der Freizeit. Schwierigkeiten können Sie loswerden, gute Pläne sind von Erfolg gekrönt.

Pfad 2.1/2

Haben Sie Geduld mit langweiligen Menschen.
Überqueren Sie zuversichtlich den Fluß.
Berücksichtigen Sie das, was scheinbar weit entfernt ist.
Lassen Sie sich nicht von anderen beeinflussen.
Folgen Sie dem Mittelweg.
Dies ist der Weg zu dauerhaftem Glück und Ansehen.

Dies ist ein sehr erfolgreicher Pfad, und wenn Sie ihn unbedenklich einschlagen können, wird alles gutgehen. Folgen Sie diesem Rat und erhalten Sie sich Ihr Glück so lange wie möglich. Eine Anschaffung wird sich als lohnend erweisen.
Zeit: Sehr gut, alles gelingt. Verwirklichen Sie neue Pläne, seien Sie kühn.

Pfad 2.1/3

Der breite, ebene Pfad wird zu einem Bergpfad.
Eine schöne Stadt wird eines Tages zu Staub zerfallen.
Erinnern Sie sich daran, aber seien Sie nicht traurig.
Würdigen und bewahren Sie die Geschenke des Lebens.

Wenn Sie etwas Bestimmtes ausprobieren möchten, dann tun Sie es bald. Nutzen Sie jede Gelegenheit, um das Leben zu genießen und zu erfahren. Die Glückssträhne ist hier von kurzer Dauer.

Zeit: Im Augenblick gut, genießen Sie es, aber vergessen Sie nicht, daß alles Gute ein Ende hat. Nutzen Sie jede Gelegenheit möglichst voll aus.

Pfad 2.1/4

Hat Erfolg, ohne damit zu prahlen.
Vernachlässigt Freunde nicht.
Arbeitet für das gemeinsame Wohl.
Ehrlichkeit und Aufrichtigkeit bringen Glück.

Erfolg ist gewiß, wenn man nicht arrogant wird und andere verletzt. Jeder muß seine Gewinne teilen, dann gibt es keinen Grund zu Verbitterung.

Zeit: Alles ist in Ordnung, schließen Sie Freundschaften und zeigen Sie guten Willen.

Pfad 2.1/5

Der König vermählt seine Tochter.
Alles gedeiht. Sehr viel Glück.

Das Schicksal meint es gut mit Ihnen; was Sie tun, kann ein Erfolg sein. Höherstehende werden Sie in ihre Reihen aufnehmen.

Zeit: Sehr gut. Fangen Sie mit etwas Neuem an, reisen Sie oder tun Sie andere aufregende Dinge.

Pfad 2.1/6

Die Stadtmauer stürzt ein.
Die Armee ist führerlos
Man kann nichts tun.

Hier hat diese günstige Situation ein Ende, und es gibt Schwierigkeiten. Am besten tun Sie möglichst wenig. Wenn Sie versuchen, jetzt etwas zu erwerben, werden Sie bereits Erworbenes verlieren.

Zeit: Alle möglichen Ärgernisse, die Sie meinten loszusein, tauchen wieder auf. Lassen Sie sich nicht von Ihrem Pfad abbringen; die Probleme gehen vorüber.

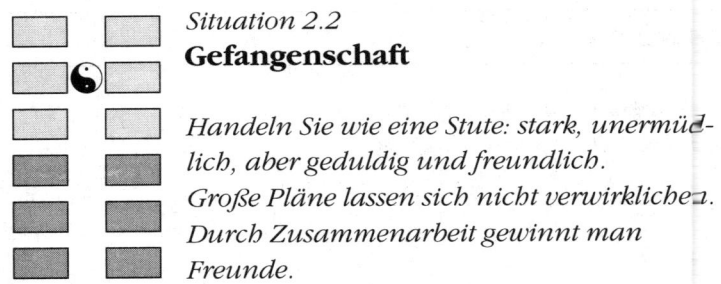

Situation 2.2
Gefangenschaft

*Handeln Sie wie eine Stute: stark, unermüd-
lich, aber geduldig und freundlich.*
Große Pläne lassen sich nicht verwirklichen.
*Durch Zusammenarbeit gewinnt man
Freunde.*
Rivalität schafft Feinde.
Es ist besser zu folgen, als anzuführen.
Es ist gut, für jemanden zu arbeiten.
Vorwärtsschreiten bringt Unglück, Rückzug ist segensreich.
Finden Sie Ihr Glück zu Hause.

Entwicklung im Haus der Entwicklung. Hier herrscht das pas-
sive Wesen der Entwicklung vor, und das Wachstum verküm-
mert. Zuviel Negativität und Dunkelheit.

Das Leben ist in mancher Hinsicht eingeschränkt, und das
muß man zumindest eine Zeitlang in Kauf nehmen. Arbeit im
Rahmen der Beschränkung kann sich als erfolgreich erweisen, beispielsweise für einen Häftling, der eifrig lernt und an
sich arbeitet, um ein anständiger Bürger zu werden. Verreisen
Sie nicht, und fangen Sie nichts Neues an.

Trotz der Einschränkungen kann es Vorteile geben. Eine
Handelstätigkeit entfaltet oft eine positive Wirkung (Entwicklung steht mit Ernte in Zusammenhang), und die Arbeit im
Rahmen der Einschränkungen bringt in vielfältiger Weise Erfolg. Es gibt eine dunkle Seite an der Entwicklung, den grau-
sigen Schnitter Tod. Hüten Sie sich also vor Krankheit.

Pfad 2.2/1

Der erste Winterfrost am Boden,
bald gibt es festes Eis.
Treffen Sie jetzt Vorkehrungen, um sich zu schützen.
Bereiten Sie sich auf einen strengen Winter vor.

Dies bezieht sich oft auf ein scheinbar unwichtiges Problem, das sich ausweitet. Wenn man ihm keine Beachtung schenkt, könnte es ernsthaften Schaden anrichten. Zum Glück ist die Sache noch nicht weit fortgeschritten, und vorbeugende Maßnahmen sind immer noch möglich. Wenn dies gründlich gemacht wird, läßt sich die Gefahr abwenden.

Zeit: Gefahr im Verzug. Überlegen Sie ganz genau, welche Probleme auftreten könnten. Offensichtlich betrifft dies Finanzen und Gesundheit, aber auch eine Beziehung könnte scheitern. Tun Sie etwas dagegen.

Pfad 2.2/2

Gefangenschaft in einem großen quadratischen Feld.
Machen Sie geduldig weiter, seien Sie friedvoll.

Ihre Freiheit wird nicht allzusehr eingeschränkt. Wenn Sie Ihre Stärken beständig weiterentwickeln, werden Sie allmählich zum Experten und erwerben sich mit der Zeit Ansehen in der Welt. Trotzdem sollten Sie im Moment nichts unternehmen. Neue Projekte werden scheitern, und Reisen ist nicht ratsam. Laufende Projekte entwickeln sich vorteilhaft.

Zeit: Verhalten Sie sich ruhig und erholen Sie sich. Wenn Sie reich sind, werden Sie reicher werden, wenn Sie arm sind, werden Sie nicht verhungern. Mit einem Studium klappt es sehr gut. Seien Sie friedlich und arbeiten Sie beständig. Es ist eine gute Zeit, um mit Freunden und Familie zusammenzusein.

Pfad 2.2/3

Verborgene Gefahr.
Wenn Sie Aufgaben haben, dann sorgen Sie dafür,
daß sie erledigt werden.
Tun Sie sonst nichts.

Ihre Angelegenheiten verzögern sich wegen einer Pechsträhne, die einem anderen widerfährt. Seien Sie zur Stelle, um unerwartete Schwierigkeiten zu meistern. Passen Sie auf, andere Leute belügen Sie vielleicht und versuchen, Uneinigkeit in Ihrem persönlichen Umfeld zu erzeugen. Bleiben Sie wachsam, dann sollte es eigentlich nicht schwer sein, den Ärger in Grenzen zu halten. Bringen Sie jedes Projekt so zu Ende, daß es die Anforderungen übertrifft, sonst kommt es nicht gut an. Ein neues Projekt scheitert. Beenden Sie eine Sache, bevor Sie eine neue anfangen.

Zeit: Dies ist eine sehr gute Zeit, um alte Fehler auszubügeln. Sie werden an einer Benachteiligung zu knabbern haben, aber dagegen kann man nichts tun; machen Sie still weiter. Studium und Geschäfte laufen recht gut. Jetzt ist eine gute Zeit, um verworrene, verzwickte Probleme zu lösen.

Pfad 2.2/4

In einen Sack eingebunden,
aber unverletzt.

Wenn etwas alles andere als perfekt ist, machen Sie das Beste
daraus. Mit einem Lächeln überwinden Sie Schwierigkeiten.
Sie können nur begrenzt Erfolg erzielen, aber es könnte alles
viel schlimmer sein.
Zeit: Nehmen Sie nichts Größeres in Angriff. Finden Sie sich
mit Einschränkungen ab und bleiben Sie weiterhin auf Ihrem
Pfad, dann werden Sie von dieser Zeit profitieren.

Pfad 2.2/5

In angenehmen Umständen gefangen.
Wie ein Minister im gelben Gewand.
Alles um Sie herum gedeiht.

Finden Sie den goldenen Mittelweg zwischen Ihren eigenen
Interessen und denen anderer. Ehrliches, uneigennütziges
Handeln lohnt sich. Ein vertrauenswürdiger Vermittler kann
Dinge sich entwickeln lassen, ohne wirklich sehr hart dafür
zu arbeiten. Sorgen Sie in Ihrem Leben für einen Ausgleich
zwischen Arbeit und Erholung. Ein »gelbes Gewand« war das
Zeichen von Autorität, die man einer Person übertrug, die als
fähig und gerecht galt. Wenn Sie selbst etwas Neues anfangen, wird es scheitern. Arbeiten Sie für andere, dann werden Sie Erfolg haben. Eine Zusammenkunft wird erfolgreich
sein.

Zeit: Sie sind in einer sicheren Position und haben im Studium, in geschäftlichen und persönlichen Angelegenheiten eine glückliche Hand – vorausgesetzt, Sie bewahren die Ruhe und halten an Ihren Prioritäten fest.

Pfad 2.2/6

Wenn Drachen in Gefangenschaft streiten,
gibt es Blutvergießen.
Großes Bedauern, wenn das Ende naht.

Die Zeit der Beschränkung nähert sich dem Ende, aber fürs erste müssen Sie die Dinge so hinnehmen, wie sie sind. Groll und Auflehnung führen nur zu einer Katastrophe. Gehen Sie Streit aus dem Weg, und geben Sie Ihren Emotionen nicht nach. Ein Streit macht die Sache nur noch schlimmer, geben Sie besser nach. Wenn Sie Ihre derzeitige Beschäftigung eine Weile ruhen lassen, können Sie etwas Unangenehmes vermeiden.

Zeit: Dies ist eine gefährliche Zeit, aber wenn Sie Ihr Leben ruhig weiterleben, läßt sich größerer Schaden wahrscheinlich vermeiden. Wenn Sie vernünftig sind, können Sie sich auf bessere Zeiten freuen.

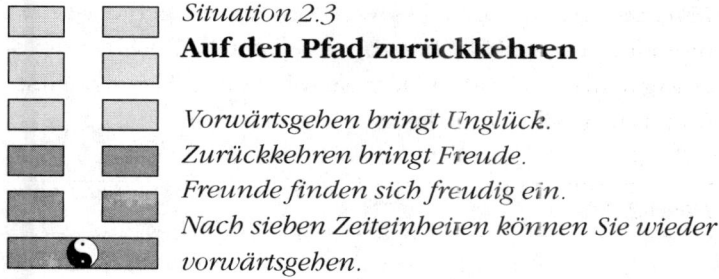

Situation 2.3
Auf den Pfad zurückkehren

Vorwärtsgehen bringt Unglück.
Zurückkehren bringt Freude.
Freunde finden sich freudig ein.
Nach sieben Zeiteinheiten können Sie wieder
vorwärtsgehen.

Erwachen im Haus der Entwicklung. Selbst das unruhige Erwachen muß sich manchmal entspannen, und das Haus der Entwicklung ist der geeignete Ort dafür. Zur Wintersonnenwende erhält die Sonne wieder neue Kräfte, auch wenn es bis zum Frühling (der Jahreszeit der Handlung) noch lange dauert. Genauso müssen auch Sie sich zurückhalten und Kräfte sammeln, bis Ihre Zeit gekommen ist.

Als Vorhersage für eine Handlung bedeutet diese Situation häufig, daß Sie bald einen Fehler begehen werden. Ungeduld bringt Sie jetzt von Ihrem Pfad ab. Sie sollten alle Pläne aufgeben, da alle Türen, die zu öffnen sich lohnen würde, derzeit verschlossen sind. Wenn Sie jedoch Ihr ungestümes Temperament zügeln, wird Ihnen das Vorteile einbringen. Verbringen Sie Zeit mit Familie und Freunden und genießen Sie die Früchte von Frieden und Zufriedenheit. Stellen Sie sich auf eine längere Wartezeit ein, bevor Sie wieder etwas Neues unternehmen. Verreisen Sie nicht, es wird Schwierigkeiten mit der Reise geben, oder es passiert etwas Schlimmes während Ihrer Abwesenheit.

Bei Zeitfragen gibt es zwei Hauptbedeutungen. Erstens: Wenn Sie gerade mit schlimmen Problemen zu kämpfen haben, werden diese ab jetzt leichter werden. Verbesserungen vollziehen sich zunächst langsam und zögerlich und sind wie frühe Rosenknospen sehr empfindlich. Sie sollten Ihre Aktivitäten einschränken und Kräfte sammeln, dann können Sie zu gegebener Zeit Ihre Sorgen ein für allemal hinter sich lassen.

Die zweite Bedeutung trifft zu, wenn es Ihnen zwar relativ gut geht, Sie aber Gefahr laufen, Ihren Prinzipien untreu zu werden. In diesem Fall sollten Sie Ihre Prioritäten neu überdenken.

Pfad 2.3/1

Eine kurze Abweichung vom Pfad.
Es ist leicht, ihn wiederzufinden.

In diese Situation gerät man oft in der Anfangsphase von Plänen. Sie bedeutet, daß Sie diese aufgeben sollten. Bleiben Sie sich auf jeden Fall treu.

Zeit: Wenn Sie bisher im Einklang mit Ihren Prinzipien gelebt haben, gibt es keinen Grund zur Sorge. Andernfalls müssen Sie sich überlegen, wie Sie zu ihnen zurückfinden. Krankheit und Sorgen verschwinden von selbst. Nehmen Sie das Leben leicht; je mehr Sie entspannen, desto mehr bringt Ihnen das. Vermeiden Sie Reisen.

Pfad 2.3/2

Still auf den Pfad zurückkehren.
Alles gelingt gut.

Falsche Wege lassen sich ganz leicht vermeiden. Geben Sie einfach ohne großes Aufsehen Ihre Pläne auf, und niemand wird groß Einspruch erheben.

Zeit: Dies ist oft eine Zeit, in der man sich erholt oder Kräfte sammelt. Es besteht die Gefahr, daß Sie aus Ungeduld handeln, bevor Sie dazu bereit sind. Nehmen Sie das Leben leicht, treffen Sie sich mit Freunden und festigen Sie allgemein Ihre Position. Krankheit und Sorgen erledigen sich ganz von allen. Vermeiden Sie Reisen.

Pfad 2.3/3 ☹

Ungewollte Rückkehr.
Es gibt keine echte Alternative.
Gefahr.

Sie meinen vielleicht, Sie müßten weitermachen, aber das sollten Sie lieber sein lassen. Wenn Sie Ihre Pläne aufgeben, führt dies zu einigen Komplikationen, aber es muß sein. Es besteht die Gefahr, daß Sie zögern und unentschlossen sind. Tun Sie nichts und gehen Sie nirgendwohin.

Zeit: Schwierig. Sie sind vom Pfad abgekommen und müssen ihn wiederfinden, sonst passiert ein Unglück. Dies ist eine Zeit, um Lebensbilanz zu ziehen und darüber nachzudenken, worum es eigentlich geht. Seien Sie nicht gierig. Tun Sie das, was Sie tun, weil Sie es gerne tun.

Pfad 2.3/4 ☹

Einer geht mit anderen.
Kehrt dann allein nach Hause zurück.
Kleine Zwischenfälle.

Die Unterstützung, auf die Sie in schwierigen Zeiten zählen können, bleibt aus. Stellen Sie selbst etwas auf die Beine. Vermeiden Sie Verpflichtungen, neue Projekte und Reisen.

Zeit: Sie sind vom Pfad abgekommen und müssen ihn wiederfinden, sonst geschieht ein Unglück. Dies ist die Zeit, um Lebensbilanz zu ziehen und darüber nachzudenken, um was es eigentlich geht. Wenn Sie den Dingen ihren Lauf lassen,

74

klappt alles. Seien Sie nicht gierig. Tun Sie das, was Sie tun, weil Sie es gern tun.

Pfad 2.3/5 ☺

Sehr späte Rückkehr.
Es gibt kein Bedauern.

Tun Sie nichts, gehen Sie nirgendwohin. Auch wenn Ihre Pläne schon weit gediehen sind, ist es besser, sie fallenzulassen. *Zeit:* Sie sind ein Stück vom Pfad abgekommen und müssen auf ihn zurückkehren. Auch wenn dies demütigend erscheint, werden Sie am Ende froh darüber sein. Dies ist eine Zeit, um Lebensbilanz zu ziehen und darüber nachzudenken, worum es eigentlich geht. Schwierigkeiten lösen sich von selbst, wenn Sie die Dinge leicht nehmen.

Pfad 2.3/6 ☹

Den Pfad aus den Augen verlieren.
Eine Armee wird geschlagen werden.
Wenn Sie töricht handeln, werden Sie zehn Zeiteinheiten
lang eingesperrt sein.

Dieser Pfad ist am weitesten vom Ausgangspunkt entfernt, und deshalb muß man die größte Strecke zurückgehen. Es besteht die Gefahr, daß Sie völlig vom Pfad abkommen. Die Gefahr verschlimmert sich noch, wenn Sie törichterweise versuchen, Schwierigkeiten mit Gewalt zu überwinden. Wenn Sie das tun, können Sie sich auf anhaltende Schwierigkeiten gefaßt machen. Richtig wäre es, Ihre Ziele aufzugeben und auf den alten Weg zurückzukehren. Nehmen Sie das Leben leicht, dann vergehen die Sorgen von selbst.

Zeit: Sie sind im Begriff, einen großen Fehler zu begehen. Es scheint zu spät, um abzuspringen, aber Sie müssen rücksichtslos sein und dürfen nicht weitermachen. Wenn es dadurch zu Aufregungen kommt, kann man eben nichts machen; lieber ärgern sich die anderen, als daß Sie Pech haben.

Situation 2.4
Der Bambussproß

Ein Bambussproß drängt schnell nach oben.
Er nährt sich aus der Erde.
Vorwärtsdrängen wird belohnt.
Wenn Sie zuversichtlich sind, werden Ihnen
einflußreiche Menschen helfen.
Es lauert Gefahr, aber es besteht kein Grund zur Furcht.
Eine Reise in den Süden wird begünstigt.

Gute Jagd im Haus der Entwicklung. Die Gute Jagd wächst in
diesem Haus sehr schnell und wird bald so stark, daß sie entkommen kann.

Bambus wächst kräftig und sehr schnell, und hier ist gemeint,
daß Sie es dem Bambus gleichtun sollten, um von dieser günstigen Situation zu profitieren. Belohnt werden Sie nur durch
harte Arbeit und Risikobereitschaft; das ist kein einfaches Unterfangen. Geben Sie sich selbst einen Ruck und überschreiten Sie Ihre gewohnten Grenzen, dann sorgt der Einsatz von
Kraft und Energie jetzt für dauerhafte Vorteile.

Auf den Landkarten der Chinesen befindet sich Süden oben.
Eine Reise in den Süden stellt also einen direkten Aufstieg aus
der Dunkelheit dar. Der Süden als wärmstes und angenehm-
stes Gebiet hat mit Erfolg zu tun. Wenn Sie diese Vorhersage
bekommen, läuft vielleicht im Moment nicht alles so wie gewünscht, aber ein ehrgeiziges Projekt rettet Sie aus Ihrem eingefahrenen Gleis. Gehen Sie kühn Risiken ein. Den Tapferen
helfen das Schicksal und einflußreiche Personen.

Pfad 2.4/1

Schnelles Wachstum.
Große zuversichtliche Schritte.
Alle Hindernisse überwinden.
Sie werden Glück haben.

Bewegen Sie sich kühn und lassen Sie sich nicht von Schwierigkeiten unterkriegen; sie gehen vorüber, wenn man resolut
handelt. Durch harte Arbeit wird ein Projekt zu dauerhaftem
Erfolg führen.
Zeit: Sie sehen sich zwar mit allen möglichen Problemen konfrontiert, aber es gibt gute Gelegenheiten zu langfristigen Verbesserungen. Verändern Sie etwas und tun Sie, was Sie schon
immer tun wollten, solange Sie die Möglichkeit dazu haben.

Pfad 2.4/2

Kleine Schritte dienen einer größeren Absicht.
Ein bescheidenes Angebot wird angenommen,
wenn es aufrichtig gemeint ist.

Ihr wahrer Wert wird erkannt, und ehrliche Bemühungen
werden belohnt. Wenn Sie etwas geben, dann zählt Ihre Absicht.
Selbst eine Nebenrolle sollte man gut spielen. Wenn sich ein
bescheidener Mensch besonders bemüht, so ist das mehr
wert als der halbherzige Versuch eines Mächtigen.
Zeit: Viele Probleme, aber gute Aussichten. Tun Sie eins nach
dem anderen und bemühen Sie sich nach Kräften, dann

winkt Ihnen Erfolg. Ein neues Projekt hilft Ihnen über alte Probleme hinweg.

Pfad 2.4/3 ☺

Machen Sie schnelle Schritte.
Die Straße ist frei.
Die schutzlose Stadt.

Sie können mühelos gewinnen, aber der Erfolg ist nicht von Dauer. Eine Reise wird reibungslos verlaufen.
Zeit: Ein guter Zeitpunkt, um etwas zu verändern und aus dem Alltagstrott auszubrechen. Es winkt eine Chance, die Sie ergreifen sollten. Sie ist zwar nicht von Dauer, könnte aber vorteilhaft sein. Dies ist eine Übergangsphase.

Pfad 2.4/4 ☺ ☺

Den Heiligen Berg erklimmen.
Mit einem Herrscher befreundet.
Bei einer Zeremonie geehrt werden.
Sie sind wirklich ein Glückspilz.

Eine gute Leistung wird gut belohnt. Sie schließen vielleicht Freundschaft mit einer einflußreichen Person, die Ihnen aus Ihren Schwierigkeiten heraushilft. Es könnte zu gewissen Verzögerungen kommen. Haben Sie keine Angst vor schwierigen oder schmerzhaften Dingen, langfristig wird es sich lohnen.
Zeit: Viele Dinge in Ihrem Leben wollen beachtet werden, es ist jetzt Zeit, sie in Ordnung zu bringen. Jemand bietet Ihnen seine Unterstützung an, die Sie lieber annehmen sollten.

Pfad 2.4/5

Riesenschritte machen.
Die Straße ist frei.
Große Leistung, große Fortschritte.

Sie können sehr gute Fortschritte machen und sollten vor nichts haltmachen. Handeln Sie entschlossen und beharrlich, dann werden Sie sehr viel Erfolg haben. Sie können ein wichtiges Ziel erreichen. Ruhen Sie nicht eher, bis Sie den ganzen Weg gegangen sind.

Zeit: Die harte Arbeit an einem Projekt, das Ihnen am Herzen liegt, bringt großen Erfolg. Brechen Sie aus alten Gewohnheiten aus.

Pfad 2.4/6

Große Schritte in die Dunkelheit.
Große Fortschritte, während es hell ist.

Der Tag geht zu Ende, eine Epoche geht vorbei, aber es lassen sich immer noch Gewinne machen. Führen Sie Dinge zu Ende, aber überlegen Sie genau, bevor Sie etwas Neues beginnen. Ungewöhnliche Methoden sind unter Umständen gerechtfertigt, um eine kurzzeitige Chance zu nutzen.

Zeit: Schließen Sie einen Lebensabschnitt erfolgreich ab, Sie können dabei gewinnen. Sichern Sie die Gegenwart ab, dann können Sie für die Zukunft planen.

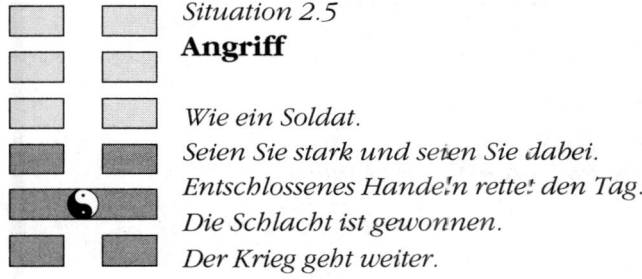

Situation 2.5
Angriff

Wie ein Soldat.
Seien Sie stark und seien Sie dabei.
Entschlossenes Handeln rettet den Tag.
Die Schlacht ist gewonnen.
Der Krieg geht weiter.

Im Haus der Entwicklung braut sich Unglück (Wasser) zusammen, sprengt dann plötzlich die Dämme und fließt davon.

Mit einer schnellen Reaktion retten Sie sich in dieser Situation aus der Gefahr. Stark zu sein und dabei zu sein bedeutet, nicht den Kopf zu verlieren. Die richtige Mischung aus fließendem Handeln und kühler Berechnung ist der Schlüssel zum Erfolg.

Die langfristigen Vorteile dieser Situation sind nicht sehr sicher. Handeln Sie jetzt, um sofort zu profitieren, und denken Sie über die Zukunft später nach.

Pfad 2.5/1

Schlecht geplante Schritte.
Sie müssen sich vorbereiten.
Wenn Sie jetzt losgehen, verlieren Sie.

Dies ist entweder eine schlechte Idee oder Sie müssen besser planen. Machen Sie vorsichtig weiter.

Zeit: Eine frustrierende Zeit. Sie haben zwar alle möglichen Pläne im Kopf, aber beginnen Sie vorläufig nichts Neues. Jetzt ist es gut, Pläne zu schmieden und Vorbereitungen zu treffen. Gehen Sie alte Probleme energisch an und bringen Sie Ihr Leben auf Vordermann.

Pfad 2.5/2

Mitten in einer Armee.
Man entgeht einem Unglück und wird geehrt.

Handeln wird jetzt belohnt werden, aber die meisten Vorteile sind von kurzer Dauer. Die Mitte der Armee ist meist der Ort, an dem sich die Offiziere gern aufhalten. Offiziere sind auch dafür bekannt, daß sie zu Ehren kommen, ohne viel dafür zu kämpfen. Das schlaue »Unglück« weiß, wie es auf Platz Nummer eins gelangt.

Zeit: Seien Sie energisch, dann werden Sie belohnt.

Pfad 2.5/3

Leichen im Wagen.
Dummköpfe befehligen die Armee.

Entweder sind die Offiziere tot und die Dummköpfe haben das Kommando übernommen, oder die Offiziere waren von Anfang an Dummköpfe. Das ist ein ziemlich schlechter Pfad, verlassen Sie ihn.

Zeit: Ein schlechtes Vorzeichen. Bald wird etwas Unerwartetes und sehr Unangenehmes geschehen. Überlegen Sie genau. Es ist noch nicht zu spät, um die Gefahr abzuwenden, wenn Sie herausfinden, was es ist. Oft macht Ihnen etwas einen Strich durch die Rechnung, worauf Sie glaubten, sich verlassen zu können.

Pfad 2.5/4

Ein geordneter Rückzug.

Halten Sie sich zurück. Im Moment können Sie nichts gewinnen. Die einzig angemessene Art zu handeln ist Entspannung oder Urlaub.

Zeit: Ziehen Sie sich zurück oder machen Sie Urlaub. Halten Sie sich zurück und mischen Sie sich nicht in Konflikte ein. Dies ist ein guter Zeitpunkt, um sich mit etwas Außergewöhnlichem zu beschäftigen.

Pfad 2.5/5

Wenn es Wild gibt, kann man es fangen.
Wenn Gefahr droht, kann man ihr entkommen.
Setzen Sie die Schwachen keiner Gefahr aus.

Auf diesem Pfad winkt großer Erfolg. Seien Sie kühn, auch wenn Sie im Nachteil sind. Wenn Sie in Schwierigkeiten stecken, ist jetzt die Zeit, sie zu meistern. Aber dieser Pfad ist anstrengend. Sorgen Sie dafür, daß sich die Anstrengung lohnt. Und: seien Sie vorsichtig, wenn Sie Helfer haben. Setzen Sie die Schwachen oder Unerfahrenen unter ihnen keinem Risiko aus.

Zeit: Jetzt ist der Zeitpunkt, große Risiken einzugehen, um etwas wirklich Lohnenswertes zu tun.

Pfad 2.5/6

Der Krieg ist vorbei.
Der Herrscher verteilt die Beute.
Die Guten werden mit einem Amt belohnt.
Die Schlechten bekommen Geld.

Dieser Pfad ist unbedenklich und vom Glück begünstigt; es lohnt sich, all Ihre Vorhaben fortzusetzen. Selbst unzuverlässige Menschen müssen für ihre Anstrengungen belohnt werden, aber ihnen gibt man besser Bargeld. Hätten sie ein Amt, würden sie es mißbrauchen.

Zeit: Kein Grund zur Sorge, alles läuft reibungslos. Eine gute Zeit, um etwas zu tun, was Sie schon immer tun wollten.

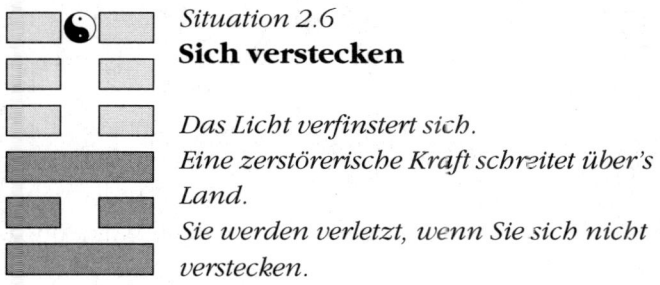

Situation 2.6
Sich verstecken

Das Licht verfinstert sich.
Eine zerstörerische Kraft schreitet über's
Land.
Sie werden verletzt, wenn Sie sich nicht
verstecken.
Verzweifeln Sie nicht.
Halten Sie den Schaden gering.
Warten Sie, bis die Dunkelheit vorbei ist.

Intensität im Haus der Entwicklung. Intensität (Licht) kann durch Entwicklung (Dunkelheit) Schaden erleiden. Aber in der Dunkelheit kann man sich auch verstecken.

Diese Situation bedeutet immer irgendeine Art von Verletzung. Pläne, die an und für sich gut sind, scheitern, und Menschen, mit denen Sie normalerweise gut auskommen, wenden sich gegen Sie. Selbst Ihre Gesundheit könnte Ihnen einen Strich durch die Rechnung machen. Auf die eine oder andere Weise wird eine Verletzung auf Sie zukommen.

Dunkelheit bedeutet, daß es schwer ist, die Gefahr zu erkennen, und dann ist es bereits zu spät. Sie müssen Ruhe bewahren, jeder macht einmal unglückliche Zeiten durch. Sie sollten es nicht persönlich nehmen, und Sie wissen ja im voraus, daß Sie eine Menge tun können, um den Schaden zu begrenzen. Die Schwere der Verletzung hängt meist davon ab, wie wichtig Ihre derzeitige Tätigkeit ist. Das Scheitern eines umfangreichen Projekts hat viel schlimmere Konsequenzen als das Scheitern eines kleinen. Die Verletzungen, die man bei einem

Motorradrennen erleidet, sind gewöhnlich schlimmer als die, die man sich beim Tennisspielen zuzieht.

Zuallererst dürfen Sie sich nicht mehr so vielen Risiken aussetzen und müssen Vereinbarungen verschieben oder absagen. Vermeiden Sie Streit, Sie würden nur den kürzeren ziehen. Gehen Sie einer ruhigen Tätigkeit nach. Wenn diese schlechte Zeit vorüber ist, kann alles wieder so werden wie zuvor, vorausgesetzt, Sie haben schwere Verletzungen vermieden.

Kein gutes Versteck.
Arbeiten Sie drei Zeiteinheiten lang ununterbrochen.
Lassen Sie sich nicht beeinflussen.
Am Ende winkt Ihnen Glück.

Wenn Sie diesen Pfad begehen müssen, werden Sie eine Weile leiden und sich sehr anstrengen müssen. Halten Sie sich an das, was Ihnen guttut, auch wenn andere versuchen, Sie von Ihrer Suche abzuhalten. Am Ende werden Sie finden, was Sie suchten.

Zeit: Gefährlich, sehen Sie sich vor. Sie befinden sich in einer unangenehmen Situation mit vielen Schwierigkeiten. Es wäre vielleicht besser, sich nach einer Fluchtmöglichkeit umzusehen.

Pfad 2.6/2

Am Bein verwundet.
Ein Pferd wird für seinen Reiter sterben.

Folgen Sie diesem Pfad nur, wenn es unbedingt sein muß. Manchmal bedeutet das, daß Ihr Tun für jemand anderen eine große Hilfe ist, Ihnen selbst aber schadet. Überlegen Sie es sich genau.

Zeit: Gefährlich, sehen Sie sich vor. Machen Sie sich bewußt, was Sie für andere Menschen tun und inwieweit Sie bereit sind, für sie zu leiden. Sie müssen sehr vorsichtig sein, damit Sie nicht in Schwierigkeiten geraten. Erfüllen Sie nur wichtige

Aufgaben. Wenn sich dann die Lage bessert, ist kein großer Schaden entstanden.

Pfad 2.6/3

Entfliehen Sie in Richtung Süden.
Suchen Sie Hilfe.
Erwarten Sie keine allzu baldige Verbesserung.

Vermeiden Sie diesen Pfad, er führt zu Verletzungen. Sie sollten sich nach Alternativen umsehen. Der Süden steht oft für Zuhause, Bequemlichkeit und ein unbeschwertes Leben. Wenn Ihnen Hilfe angeboten wird, nehmen Sie sie an.
Zeit: Sie schaden sich, wenn Sie so wie bisher weitermachen. Versuchen Sie, aktiv zu handeln. Vermeiden Sie Gefahren, soweit möglich. Enttäuschungen sind besser als Verletzungen. Denken Sie daran: Diese Zeit geht vorbei.

Pfad 2.6/4

Eine Magenverletzung.
Folgen Sie Ihrem Herzen.
Fliehen Sie aus dem Hof.

Vermeiden Sie diesen Pfad, wenn möglich, und suchen Sie sich Alternativen. Vertrauen Sie auf Ihre Intuition.
Zeit: Es droht Gefahr, und der müssen Sie aus dem Weg gehen. Lassen Sie sich bei Ihrem Tun von Ihrer Intuition leiten. Diese Zeit geht vorüber und die Lage normalisiert sich bald wieder, wenn Sie jetzt Verletzungen vermeiden können.

Wie ein Herrscher in Gefahr.
Andere werden mit Ihnen fallen.
Handeln Sie, um die Interessen aller zu schützen.

Vermeiden Sie möglichst diesen Pfad und suchen Sie nach Alternativen. Bei diesem Pfad geht es meist um eine verantwortliche Position in Krisenzeiten. Stünden nur Ihre eigenen Interessen auf dem Spiel, könnten Sie der Gefahr mühelos entkommen, aber manchmal müssen Sie auch an andere denken. Meist denkt man dabei an das Beispiel von Wen Chou, der vom Tyrannen Shang ins Gefängnis geworfen wurde. Er beugte sich und fügte sich dem Willen seiner Fänger, plante aber gleichzeitig ihren Sturz.

Zeit: Nichts wird klappen. Verschieben Sie Pläne oder lassen Sie sie fallen. Denken Sie daran: Diese schlechte Zeit geht einmal zu Ende, und Sie können weitermachen, sofern Sie jetzt Verletzungen vermieden haben.

Zuerst Dunkelheit, dann Licht.
Die Unwürdigen, die gen Himmel stiegen,
fallen jetzt auf die Erde hinunter.

Die Dunkelheit vergeht, aber die unglückliche Zeit ist noch nicht zu Ende. Verschieben Sie Ihre Vorhaben.

Zeit: Die Zeit der Verletzungen ist fast zu Ende. Sie können wieder Pläne schmieden und aktiv sein. Seien Sie aber so lange wachsam, bis die Gefahr ganz sicher vorbei ist. Sorgen Sie dafür, daß Sie das Unkraut in Ihrem Lebensgarten gründlich ausreißen. Chronische Probleme können in dieser Zeit gelöst werden. Sorgen Sie dafür, daß dies auch geschieht.

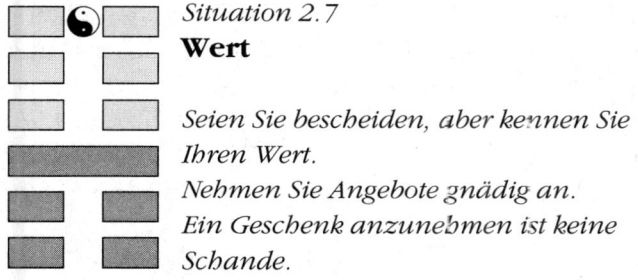

Situation 2.7
Wert

*Seien Sie bescheiden, aber kennen Sie
Ihren Wert.*
Nehmen Sie Angebote gnädig an.
*Ein Geschenk anzunehmen ist keine
Schande.*
Sie können nur das bekommen, was Sie verdient haben.

Feste Absicht im Haus der Entwicklung. Diese beiden verstehen und ergänzen sich perfekt.

Hier erfahren wir, wie wir Bescheidenheit und Stolz ins Gleichgewicht bringen. Jemand, der keinen Stolz hat, wird immer unglücklich sein und jemand, der im Umgang mit anderen keine Bescheidenheit kennt, wird unbeliebt sein. Sie müssen lernen, für Ihre Rechte einzutreten, ohne arrogant zu werden. Die meisten Gesellschaften haben die Tendenz, jeden zu bestrafen, der seinen eigenen Weg gehen will. Dadurch haben die Menschen viel zuviel Angst, wenn sie für etwas eintreten sollen, woran sie glauben. Diesmal aber wird sich direktes, ehrliches Verhalten auszahlen.

Es könnte sein, daß Ihr Vertrauen geringer ist als Ihre Fähigkeiten. Sie sollten jetzt nicht schüchtern sein: wenn sich Ihnen eine Gelegenheit bietet, dann greifen Sie sofort zu. Wenn andere Ihnen etwas geben, rechnen sie mit etwas Widerstreben, werden aber ärgerlich, wenn ihr Geschenk nicht begeistert angenommen wird. Das gilt auch für das Schicksal. Wenn Sie jetzt nicht möglichst viele gute Gelegenheiten beim Schopf packen, wird es in Zukunft nicht mehr so viele geben.

Pfad 2.7/1

Besonders ehrenhaft.
Vielleicht überqueren Sie einen großen Fluß.

Ehrenhaftigkeit zahlt sich wahrscheinlich aus, also tun Sie Ihr Bestes. Alles, was Sie tun, wird Ihnen Erfolg bringen.
Zeit: Eine gute Zeit für Veränderungen und neue Projekte. Arbeiten Sie auf größtmöglichen persönlichen Vorteil hin.

Pfad 2.7/2

Als ehrenhaft gelten.
Machen Sie in aller Ruhe weiter.

Die Menschen werden bemerken, wann Sie es ernst meinen, und deshalb Respekt vor Ihnen haben. Die meisten Dinge florieren.
Zeit: Sie können für unumwundene Ehrlichkeit und harte Arbeit belohnt werden.

Pfad 2.7/3

Wert wird anerkannt.
Es ist Zeit, voranzuschreiten.
Das Schicksal hält einen Preis für Sie bereit.

Handeln Sie schnell. Es gibt viel zu gewinnen. Ihr Schicksal ist Ihnen derzeit sehr gewogen, nutzen Sie es richtig. Alles, was Sie tun, gelingt.

Zeit: Selbst wenn Sie schlechte Zeiten durchgemacht haben, können Sie von vorn anfangen. Das meiste läuft gut. Sie können etwas von bleibendem Wert aufbauen. Es ist die Zeit, das zu tun, was Sie für richtig halten.

Pfad 2.7/4

Ehrenhaft und verantwortungsvoll.
Machen Sie konsequent weiter.

Die meisten Dinge entwickeln sich prächtig. Seien Sie bei Ihren Geschäften zuversichtlich, aber gründlich.
Zeit: Gut; folgen Sie Ihrem Herzen und setzen Sie Ihren Verstand ein.

Pfad 2.7/5

Ehrenhaft und mächtig.
Gehen Sie mit Freunden und Nachbarn entschieden um.
Kraftvolle Bewegungen lohnen sich.

Bestrafen Sie lästige Menschen und belohnen Sie gute Freunde. Räumen Sie Hindernisse gewaltsam aus dem Weg. Mit Umsicht gedeihen die meisten Dinge.
Zeit: Sie können Ihre Stellung im Leben verbessern, wenn Sie jetzt tatkräftig handeln. Es ist vielleicht nicht leicht, aber halten Sie an dem fest, woran Sie glauben.

Ehrenhaftigkeit wird zu Handlung.
Setzen Sie Ihre Armeen in Bewegung.
Setzen Sie sich für Dinge ein, die Ihnen am Herzen liegen

Das meiste gelingt, wenn Sie entschlossen handeln.
Zeit: Besonders gut, um Dinge zu verwirklichen. Im allgemeinen verbessern sich die Aussichten.

Ein neuer Anfang

Der Winter ist vorbei.
Es ist Zeit zu handeln.
Übernehmen Sie die Kontrolle.
Machen Sie keine langfristigen
Pläne.

Im achten Monat wird es Schwierigkeiten geben.

Flucht im Haus der Entwicklung. Eine gute Verbindung: die Flucht erstarkt in diesem Haus, und schnelles Wachstum ist möglich. Im Frühling müssen die Pflanzen der Erde entfliehen, um ans Licht zu gelangen.

Dies ist eine aktive Situation, der Beginn einer Zeit der Verbesserung. Jetzt sind die Aussichten wirklich sehr gut, nutzen Sie die Zeit voll aus. Jedes neue Unterfangen wird von Erfolg gekrönt sein. Vergessen Sie aber nicht, daß der Sommer irgendwann zu Ende geht (der Herbst beginnt im September, dem achten Monat bei den Chinesen) und die Glückssträhne ein Ende haben wird. Dies ist keine Warnung, jetzt nicht zu handeln, sondern ein Hinweis darauf, daß Sie weiter nach neuen Quellen für Ihr Glück suchen müssen. In jedem Fall herrscht hier ein Gefühl jugendlicher Freude vor, das mit langfristigen Plänen unvereinbar ist. Handeln Sie entsprechend den momentanen Erfordernissen, und machen Sie weiter.

Praktisch ausgedrückt heißt diese Situation oft, daß Ihr momentanes Glück ein Trittstein zu etwas noch Besserem sein wird.

Pfad 2.8/1

Eine gelungene Flucht.
Handeln Sie schnell.

Hier ist viel zu holen, denn dieser Pfad ist für fast alles geeignet. Handeln Sie jetzt, solange Sie die Gelegenheit dazu haben.
Zeit: Günstig und erfreulich mit guten Gelegenheiten. Es könnte später Probleme geben. Machen Sie daher jetzt aus Ihrer glücklichen Lage das Beste.

Pfad 2.8/2

Die Flucht ist fast abgeschlossen.
Sie handeln im Einklang mit der Zeit.

Ihre Vorschläge gewinnen Zustimmung und Unterstützung von höherer Seite. Selbst große Schwierigkeiten können Sie jetzt überwinden.
Zeit: Sehr vorteilhaft, um selbst schwierige Projekte anzugehen.

Pfad 2.8/3

Die Flucht ist schwierig.
Seien Sie vorsichtig.

Dieser Pfad läßt sich schwer einschätzen, auf jeden Fall ist nur bescheidener Erfolg möglich.

Zeit: Unruhe könnte eigensinniges Handeln zur Folge haben. Haben Sie Geduld, dann zeichnen sich Fortschritte ab.

Pfad 2.8/4

Selbstkontrolle.
Tadellos.

Dem, was hier erreicht werden kann, sind Grenzen gesetzt. Selbstbeherrschung bringt Ihnen Respekt ein. Überdenken Sie die Dinge, dann kommen Sie zu einem ordentlichen Ergebnis.
Zeit: Recht gut. Versuchen Sie, neue Projekte anzugreifen.

Pfad 2.8/5

Teilweise Flucht.
Angewandte Weisheit.
So führt ein Herrscher das Volk.

Es mag triftige Gründe dafür geben, weshalb Sie Ihre Sorgen nicht völlig loswerden. Bei Weisheit geht es meist um Beherrschung und Kompromisse. Ein Herrscher ist jemand, der anderen gegenüber Verantwortung trägt.
Zeit: Recht vorteilhaft, aber Sie müssen Ihre Angelegenheiten gründlich erledigen, damit die Glückssträhne andauert.

Die Flucht beenden.
Am Ende wird sich ein neuer Weg abzeichnen.

Wahrscheinlich kein gutes Omen für einen Neubeginn. Sie sollten sich um laufende Angelegenheiten kümmern.
Zeit: Eine Phase geht ihrem Ende zu. Sie sollten arbeiten, um ein paar Lücken zu schließen.

3.

Das Haus des Erwachens

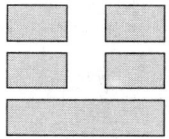

Frühlingsgewitter.
Ein Sproß bricht aus der Erde hervor.
Eine Fülle von Lebewesen
kämpft im Schlamm.
Bewahren Sie Ruhe im Unglück.

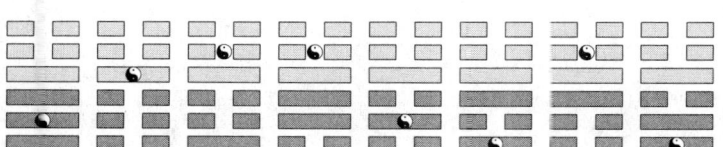

Der Frühling ist da, und es wird Zeit, etwas in Bewegung zu setzen. Mit einem schwungvollen Ausbruch entkommt man der Gefahr und faßt Fuß auf neuem Boden. Dies ist im Grunde genommen ein glückliches Haus: alles mögliche kann schiefgehen, erledigt sich dann aber von selbst. Deshalb müssen Sie Ruhe bewahren und die Dinge geschehen lassen. Wenn Sie in Panik geraten, könnten kurzzeitige Probleme chronisch werden.

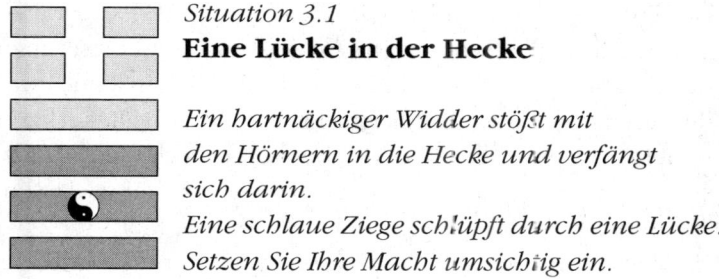

Eine Lücke in der Hecke

*Ein hartnäckiger Widder stößt mit
den Hörnern in die Hecke und verfängt
sich darin.
Eine schlaue Ziege schlüpft durch eine Lücke.
Setzen Sie Ihre Macht umsichtig ein.*

Die Herausforderung im Haus des Erwachens. Eine Verbindung zweier mächtiger, aber unabhängiger Persönlichkeiten. Macht und Fähigkeit führen unter Umständen zu allzu großer Zuversicht und unklugen Fehlkalkulationen. Obwohl diese beiden Archetypen gut miteinander auskommen, sind sie sich in vieler Hinsicht ähnlich; sie wissen zuviel, um sich ganz aufeinander zu verlassen.

Seit jeher wird diese Situation mit dem April in Verbindung gebracht, dem Monat, in dem sich der harte Griff des Winters endgültig löst. Es ist eine wichtige, aber gefährliche Zeit, denn noch kann ein Spätfrost die Ernte vernichten. Der Bauer muß die Jahreszeit geschickt ausnutzen.

Die richtige Mischung aus Schlauheit und Wagemut wird durch die Ziege, rücksichtsloses und kraftvolles Verhalten durch den Widder symbolisiert.

Praktisch gesehen kann man bei den meisten Dingen recht viele Erfolge verbuchen, vorausgesetzt, man vermeidet Streit.

Ihre Zehen sind kräftig.
Ihr übriger Körper auch?
Lernen Sie Ihre Schwächen kennen.
Finden Sie dann Ihre wahre Stärke.

Die Zehen sind schwach und können allein nirgendwohin gehen. Sorgen Sie dafür, daß Sie für all Ihre Unternehmungen genügend Durchhaltevermögen haben.

Zeit: Die Lage wird sich bessern und Ihre Bemühungen werden belohnt, wenn Sie entschlossen und wohlüberlegt handeln.

Ein guter Sprung.
Vorsichtige Landung.

Muten Sie sich nur soviel zu, wie Sie verkraften können, dann ist Erfolg in angemessenem Umfang möglich. Es wäre vielleicht nicht schlecht, sich mit jemand Mächtigem zusammenzuschließen.

Zeit: Im allgemeinen positiv. Verfolgen Sie Ihre Ziele mit ruhiger Entschlossenheit.

Pfad 3.1/3

Macht in den falschen Händen.
Die Ziege springt über die Hecke,
aber ihre Hörner verheddern sich.

Mit den Hörnern hängenzubleiben ist ein schlechtes Zeichen. Ein Unternehmen wird scheitern und je mehr Sie kämpfen, desto schwächer werden Sie. Am besten vermeiden Sie diesen Pfad, wenn möglich. Wenn das nicht geht, müssen Sie sehr vorsichtig sein.

Zeit: Sehr schwierig, es besteht die Gefahr, daß Sie in einigen Lebensbereichen scheitern. Wenn Sie jedoch Ihre Nerven behalten und Geduld bewahren, kommen auch wieder bessere Zeiten, und es ist kein großer Schaden entstanden.

Pfad 3.1/4

Die Hecke öffnet sich allmählich.
Trauern Sie der Vergangenheit nicht mehr nach.
Der große Karren hat eine starke Achse.
Mit richtiger Fürsorge wird alles gutgehen.

Ein großer Wagen mit einer starken Achse kann vieles befördern, vieles ist möglich. Achten Sie jedoch auf Probleme, sonst bekommen Sie unnötige Unannehmlichkeiten.

Zeit: In dieser Zeit beginnen viele neue Dinge, und es werden alle möglichen Probleme auftauchen, aber wenn Sie die Sache konsequent angehen, wird alles gut.

Pfad 3.1/5

Es kommen unvorhergesehene Schwierigkeiten.
Eine schlaue, bewegliche Ziege entkommt.

Lassen Sie die Dinge reifen, bevor Sie entscheiden, was Sie tun wollen. Unerwartete Probleme bringen Ihr Leben durcheinander, aber es gibt einen Ausweg: Bewahren Sie die Ruhe. Tun Sie einfach das, was nötig ist, bis Ihnen der Fluchtweg klar ist. Sobald Sie wissen, was Sie tun sollen, handeln Sie unverzüglich.

Zeit: Um Gefahr zu vermeiden, müssen Sie etwas verändern. Halten Sie sich alle Möglichkeiten offen und behalten Sie die Situation im Auge. Es wird sich ganz sicher ein Weg finden, wie Sie Ihre Probleme überwinden können.

Pfad 3.1/6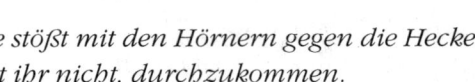

Die Ziege stößt mit den Hörnern gegen die Hecke.
Es gelingt ihr nicht, durchzukommen.
Unelegant, aber ungefährlich.

Auch nur einen Schritt weitergehen zu wollen führt zu Problemen: Geben Sie sich mit bescheidenem Erfolg zufrieden.
Zeit: Eine instabile Übergangsphase. Heben Sie sich Ihre Stärke für den Notfall auf.

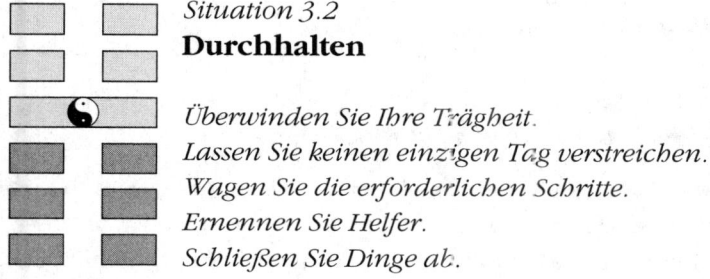

Situation 3.2
Durchhalten

Überwinden Sie Ihre Trägheit.
Lassen Sie keinen einzigen Tag verstreichen.
Wagen Sie die erforderlichen Schritte.
Ernennen Sie Helfer.
Schließen Sie Dinge ab.

Entwicklung im Haus des Erwachens. Das kann gut funktionieren. Die Entwicklung ist sehr gründlich, geduldig und zu harter Arbeit fähig. Das Erwachen ist energiegeladen und ehrgeizig.

Dies ist eine günstige Situation: Alles, was Sie in die Hand nehmen, wird funktionieren, vorausgesetzt, Sie gehen es mit Begeisterung an. Die Gefahr dabei ist, daß Sie die Gelegenheit durch Zögern und Zaudern verstreichen lassen. Wenn Sie nicht unmittelbar handeln können, dann lassen Sie nicht einen einzigen Tag verstreichen, ohne etwas zur Verwirklichung Ihres Zieles zu tun. Sie haben Erfolg, wenn Sie sich losreißen und etwas Neues beginnen. Mit Entschlossenheit überwinden Sie Ihre Schwierigkeiten.

Pfad 3.2/1

Bleibende Absicht.
Lassen Sie die Dinge nicht schleifen.

Dieser Pfad kann lang und langwierig sein und wird Ihre Ausdauer und Entschlossenheit auf die Probe stellen. Langfristig winken auch Belohnungen, es könnte sich also lohnen. Die Situation ist gut für Studien und langwierige, ernsthafte Projekte. Auch wenn Sie hart arbeiten müssen, werden Sie doch großzügig belohnt.
Zeit: Wenn Sie entschlossen handeln und nicht von Ihren Zielen abweichen, können Sie viel erreichen.

Pfad 3.2/2

Beständig wie ein Felsen.
Handeln Sie, bevor der Tag zu Ende geht.

Wenn Sie feste Absichten haben und sich an die Arbeit machen, wird alles gelingen. Sehr gute Aussichten bestehen für das meiste, was Sie gern tun möchten. Wenn Sie Probleme haben, lassen Sie sich nicht entmutigen, dann vergehen sie.
Zeit: Gut, um etwas zu vollbringen. Fassen Sie Mut. Lassen Sie sich nicht von etwas abbringen, das Sie für richtig halten.

Seien Sie enthusiastisch, nicht faul.
Erwarten Sie keine Hilfe.

Es gibt ein paar Schwierigkeiten, aber deshalb brauchen Sie
nicht unschlüssig zu werden. Entscheiden Sie selbst, was zu
tun ist, und handeln Sie unverzüglich. Wenn Sie nicht zu ent-
schlossenem Handeln fähig sind, werden Sie Fehlschläge erleiden.
Zeit: Ungewiß. Viele Probleme. Bleiben Sie bei der Sache und
lassen Sie sich durch nichts von dem abbringen, was Sie für
richtig halten.

Pfad 3.2/4

Im Zentrum.
Handeln Sie mit Gewißheit.
Dann scharen sich die Freunde um Sie.
Sie können viel erreichen.
Wie Haare, die von einer Spange zusammengehalten
werden.

Sehr glücklich, es wird Ihnen gutgehen. Lassen Sie sich von
Schwierigkeiten nicht unterkriegen; dann haben die anderen
Respekt vor Ihnen.
Zeit: Gut, um etwas zu erreichen. Seien Sie mutig. Lassen Sie
sich durch nichts von dem abbringen, was in Ihren Augen
richtig ist.

Pfad 3.2/5

Immer krank, aber am Leben.
Kein Grund, um sich über irgend etwas übermäßig
zu freuen.

Diesem Pfad folgen Sie besser nicht. Es gibt einige ziemlich ernsthafte Probleme. Mit Vorsicht können Sie sich durchlavieren. Ein neues Projekt wird scheitern.
Zeit: Die Lage ist nicht gut, aber solange Sie ganz vorsichtig sind, wird es keine Katastrophe geben.

Pfad 3.2/6

Oberflächliche Begeisterung.
Machen Sie einen Versuch.
Erfüllung erfordert größeren Einsatz.

Hier zeigt sich die Schwäche des Erwachens: Anfangs ist alles gut, gegen Ende zu wird es schlecht. Dies ist ein sechster Pfad, das heißt, es wird Zeit, Dinge zum Abschluß zu bringen.
Zeit: Sie werden enttäuscht und nicht in der Lage sein, Ihre Vorhaben zu verwirklichen, aber es gibt Dinge, um die Sie sich zuerst kümmern müssen.

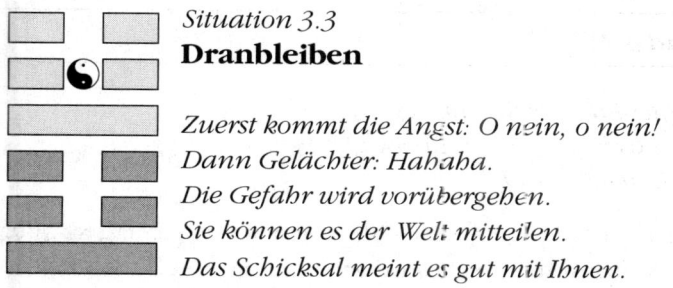

Situation 3.3
Dranbleiben

Zuerst kommt die Angst: O nein, o nein!
Dann Gelächter: Hahaha.
Die Gefahr wird vorübergehen.
Sie können es der Welt mitteilen.
Das Schicksal meint es gut mit Ihnen.
Nichts wird verloren sein.

Erwachen im Haus des Erwachens. Dies kann Überraschungen bedeuten, aber nicht immer erfreuliche. Aber die Gefahr geht vorüber wie ein Frühlingsgewitter, und dann ist wieder alles in Ordnung.

Diese Situation ist schwer zu beurteilen, da sie ein Überraschungsmoment enthält, und Überraschungen sind per definitionem schwer vorhersagbar. Mit Gewißheit läßt sich aber sagen, daß, wenn Sie Verluste erleiden oder Probleme haben, diese nur von vorübergehender Natur sein werden, vorausgesetzt, Sie behalten einen klaren Kopf und machen keine Dummheiten. Oft geht es Ihnen nach der Krise besser als vorher. Das ist im Grunde genommen eine glückliche Situation.

Was sein wird, wird sein.
Bewahren Sie Ruhe.
Es droht keine Gefahr.

Wenn Sie etwas Bestimmtes vorhaben, wird es gelingen, aber aus ungewissen Plänen wird meistens nichts. Das Schicksal hat vielleicht seine eigenen Vorstellungen davon, was gut für Sie ist, achten Sie daher auf mögliche gute Gelegenheiten. Wenn Sie in Schwierigkeiten stecken, heißt das, daß Sie diese bald überwinden werden. Andere werden Ihnen aus eigenem Antrieb helfen.

Zeit: Selbst wenn alles schiefgeht, wird die Sache auf Dauer gesehen zu Ihren Gunsten ausgehen. Eine sehr glückliche Zeit für diejenigen, die beständig sein können.

Pfad 3.3/2

Handeln bringt Gefahr.
Hunderttausend Mal.
Der Schatz geht verloren, versuchen Sie nicht,
ihn festzuhalten.
Erklimmen Sie neun Hügel.
Nach sieben kommt der Schatz zurück.

Mir ist völlig unklar, was »hunderttausend Mal« bedeutet, aber es klingt interessant. Der Rest ist unmißverständlich: es geht etwas schief, es gibt deswegen eine Menge Trubel, und im Rückblick war es bloß ein Sturm im Wasserglas. In der Praxis gibt es bei Plänen gewisse Rückschläge, und vielleicht ist ein Kurswechsel notwendig.

Zeit: In jeder Hinsicht glücklich. Lassen Sie sich durch Schwierigkeiten nicht vom Kurs abbringen.

Pfad 3.3/3

Auf den Stufen stolpern.
Suchen Sie Halt, sonst widerfährt Ihnen ein Unglück.

Behalten Sie einen klaren Kopf und wägen Sie Ereignisse sorgfältig ab. Verlieren Sie dabei nicht Ihren Schwung. Das ist schwierig, aber machbar. Bestehen Sie in geschäftlichen Dingen auf bessere Bedingungen, aber nicht zu lange, sonst geht Ihnen das Geschäft durch die Lappen.

Zeit: Schocks und Störungen. Ein paar gute Gelegenheiten. Geraten Sie nicht in Panik, jede Gefahr geht einmal vorüber. Halten Sie nach guten Gelegenheiten Ausschau.

Pfad 3.3/4

Selbst die Mächtigen können nicht im Morast laufen.
Verschieben Sie Ihr Tun.

Verzögerungen machen Pläne zunichte, und Sie können den Lauf der Dinge nur in geringem Maße beeinflussen. Am besten warten Sie ab, bevor Sie weitere Schritte unternehmen.

Zeit: Behinderungen und Verzögerungen zwingen Sie in eine unbequeme Lage, aber das Blatt wird sich bald wenden, und all Ihre Probleme werden sich lösen.

Laufende Füße drehen sich hin und her.
Sie bekommen die Hilfe, die Sie brauchen.
Sehr viel Glück.
Keine Gefahr.

Alles geht viel besser und müheloser als erwartet. Ein Angebot erweist sich als sehr gut. Ein altes Problem erledigt sich
weitgehend von selbst.
Zeit: Selbst wenn die Lage schlecht aussieht, wird sich das
Blatt bald zu Ihren Gunsten wenden. In der Arbeit geht es gut
voran. Es ist dies ein guter Zeitpunkt, um neue Kontakte zu
knüpfen und Leute kennenzulernen. Höchstwahrscheinlich
macht man Ihnen von unerwarteter Seite ein gutes Angebot.

Pfad 3.3/6

Fußgetrampel im Haus eines Nachbarn.
Was Ihren Körper nicht berührt hat, kann Ihnen keinen
Schaden zufügen.
Vermeiden Sie Konflikte.
Es wird Geschichten zu erzählen geben.

Dies ist etwas Traditionelles, das meiner Meinung nach be-
deutet, daß um Sie herum das Geschehen weitergeht und Sie
Ruhe bewahren sollten. In der Praxis ist dies ein recht guter
Pfad, im allgemeinen läuft alles besser als erwartet.
Zeit: Glücklich, mit einigen Erschütterungen und Überra-
schungen.

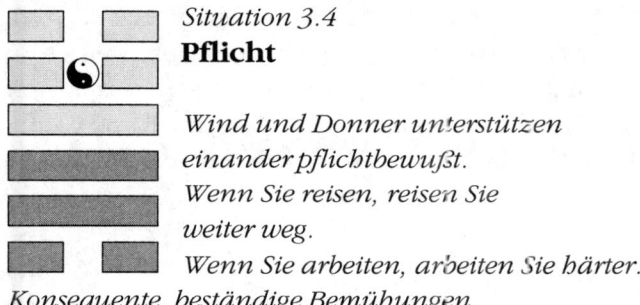

Situation 3.4
Pflicht

Wind und Donner unterstützen
einander pflichtbewußt.
Wenn Sie reisen, reisen Sie
weiter weg.
Wenn Sie arbeiten, arbeiten Sie härter.
Konsequente, beständige Bemühungen.

Gute Jagd im Haus des Erwachens. Dies ist eine praktische Beziehung, nicht besonders aufregend, sondern eher wie ein altes Ehepaar, das gemeinsam ein Geschäft führt.

Pflicht ist etwas Merkwürdiges. Hier wird der Begriff in dem Sinn verwendet, daß man sie nicht um ihrer selbst willen erfüllt. Zum Beispiel geht man zum Zahnarzt der Zähne wegen und nicht, weil man sich freut, den Zahnarzt zu sehen – das ist Pflicht. Pflicht ist nicht unbedingt etwas Unangenehmes. Durch den Park zur Arbeit zu fahren ist Pflicht, aber an einem schönen Sommermorgen empfindet man sie nicht negativ. Die erste Pflicht, die wir alle haben, ist, uns gesund zu ernähren. Auch das kann eine erfreuliche oder weniger erfreuliche Erfahrung sein.

Sie sehen also, daß es recht wichtig ist, Ihre Pflichten zu definieren und zu überlegen, wie sie erfüllt werden können, so daß es Ihnen Freude macht.

In dieser Situation sollte man auf dem eingeschlagenen Pfad bleiben und sich noch mehr anstrengen. Wenn Sie sich auf Reisen befinden, fahren Sie an weiter entfernte Ziele, solange die Lage günstig ist.

Obwohl Pflichten unbestreitbar wichtig und gelegentlich sogar angenehm sind, können sie auch auslaugen, wenn man die Konzentration darauf übertreibt. Allgemein gesagt ist es am besten, Sie erledigen Ihre Pflichten so schnell und gründlich wie möglich und machen dann wie gewohnt weiter.

Pfad 3.4/1

Bisher keine eindeutige Pflicht.
Ein Wagen hat es zu eilig.
Es ist besser, ein Muli zu reiten.
Machen Sie in aller Ruhe weiter.

Hier befinden sich die Dinge im Anfangsstadium, und Sie sollten nicht zuviel erwarten. Drängende Pflichten sollten Sie weiterhin erledigen, während beim Ausblick auf die Zukunft sorgfältige Überlegung empfohlen wird.
Zeit: Das letzte, wonach Ihnen der Sinn steht, ist, Ihr Leben in Ordnung zu bringen, aber Sie müssen sich dringend darum kümmern. Handeln Sie unbedingt in Ihrem eigenen Interesse. Hüten Sie sich vor Unruhe und Ablenkung.

Pfad 3.4/2

Pflicht überwindet die Angst.
Bescheidener Erfolg.
Essen Sie das Wild, das der Himmel bietet.
Bedauern schwindet.

Dieser Pfad ist recht erfolgreich, aber ihm fehlt die echte Begeisterung. Wenn es sich um etwas handelt, das Sie tun müssen, dann ist es in Ordnung.
Zeit: Nicht leicht, aber durch kühnes Handeln und harte Arbeit stellen sich große Verbesserungen ein.

Pfad 3.4/3

Das Fleisch schmeckt ohne Soße besser.
Kämpfen Sie weiter, sonst werden Sie leiden.

Verkomplizieren Sie nichts. Verdoppeln Sie Ihre Anstrengungen bei Ihren derzeitigen Projekten. Beginnen Sie nichts Neues, Sie müssen noch eine Menge Dinge erledigen.
Zeit: Eine rastlose Zeit. Sie haben das Gefühl, daß Ihr Leben derzeit eine Menge zu wünschen übrigläßt. Dadurch werden Sie anfällig für Verlockungen.

Pfad 3.4/4

Die Speisekammer ist leer.
Es gibt kein Wild auf dem Feld.

Ihre Pflicht ist es, sich selbst zu schützen. »Kein Wild« bedeutet, daß Ihre Ressourcen versiegen werden, wenn Sie sie allzusehr beanspruchen. Halten Sie sich mit allen neuen Dingen zurück, sonst gibt es ein Unglück.
Zeit: Gefährlich; Ihre Glückssträhne ist so gut wie beendet. Schützen Sie Ihre Familie, Ihr Eigentum und Ihre Gesundheit. Hören Sie eventuell auf zu arbeiten oder unterbrechen Sie Ihre Arbeit für eine Weile. In gefährlichen Zeiten müssen Sie sorgfältig alle Möglichkeiten abwägen, um Schwierigkeiten zu vermeiden.

Pfad 3.4/5

Übergroße Pflicht.
Handeln Sie wie ein Krieger, nicht wie ein Sklave.
Die Starken haben Erfolg, die Schwachen bleiben zu Hause.

Dies ist gut für ehrenwerte Vorhaben. Überdenken Sie Ihre Pläne noch einmal und versuchen Sie, sie etwas wagemutiger zu gestalten. Fürchten Sie sich nicht vor der Meinung anderer, wenn Sie für eine edle Sache eintreten. Für die Kühnen und Disziplinierten gibt es eine Belohnung. Dies ist ein schlechter Pfad für einen schwachen Menschen.
Zeit: Es gibt viel zu tun, aber es bringt Glück, wenn Sie Ihre gewohnten Grenzen überschreiten.

Pfad 3.4/6

Ruhelos und unentschlossen.
Das Spiel ist verloren.

Gewinnen Sie Ihre Selbstbeherrschung und Disziplin zurück. Sie haben zu lange gezögert und gezaudert. Erledigen Sie Dringendes sofort. Unternehmen Sie nichts Neues.
Zeit: Ruhelos und schwierig. Üben Sie sich in Geduld, Sie müssen alte Projekte erledigen. Später werden sich Ihnen neue Wege eröffnen.

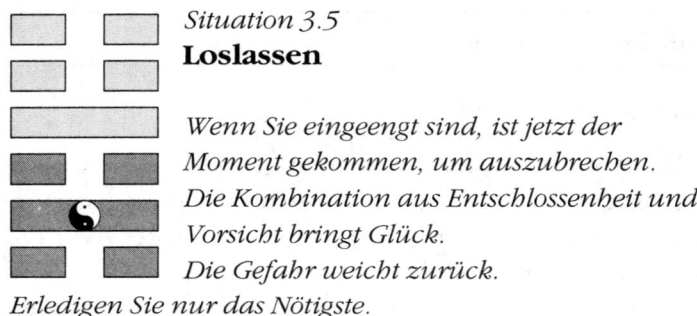

Situation 3.5
Loslassen

Wenn Sie eingeengt sind, ist jetzt der
Moment gekommen, um auszubrechen.
Die Kombination aus Entschlossenheit und
Vorsicht bringt Glück.
Die Gefahr weicht zurück.
Erledigen Sie nur das Nötigste.
Ruhen Sie sich dann unbesorgt aus.

Unglück im Haus des Erwachens. Die Schlauheit des Ur-
glücks und die Kühnheit des Erwachens helfen Ihnen aus
jeder schwierigen Lage heraus.

Diese Situation bedeutet oft, daß Sie sich aus unangenehmen
Situationen befreien können. Im allgemeinen ist für ein leich-
teres, angenehmeres Leben ein kurzer, aber kräftiger Energie-
schub nötig. Vermeiden Sie Dinge, die Ihnen langfristig gesehen Aufregung bereiten.

Natürlich lassen sich alte verzwickte Probleme nicht mühelos
und von selbst bewältigen. Deshalb benötigen Sie Entschlossenheit und Vorsicht, um sich aus der Affäre zu ziehen. Es
genügt nicht, einfach etwas hinter sich zu bringen, Sie müssen es schon gründlich erledigen.

Pfad 3.5/1

Der Pfad zur Freiheit ist frei.

Die meisten Ihrer Vorhaben werden gelingen. Befreien Sie sich, solange Sie die Gelegenheit dazu haben. Wenn Sie nach zu erwartenden Schwierigkeiten fragen, so lautet die Antwort, nichts zu tun.

Zeit: Seien Sie aktiv. Krankheit und andere Beeinträchtigungen gehen vorbei. Wenn Sie Veränderungen vornehmen wollen, ist jetzt ein guter Zeitpunkt dafür gekommen.

Pfad 3.5/2

Der Jäger fängt drei Füchse.
Belohnung in Form eines goldenen Bogens.

Es lohnt sich, etwas zu tun, das Ihnen am Herzen liegt. Schwierigkeiten und deren Ursachen lassen sich aus dem Weg räumen. Ein Plan wird gelingen.

Zeit: Befreien Sie sich, solange es geht. Krankheit und andere Beeinträchtigungen gehen vorüber. Wenn Sie Veränderungen vornehmen wollen, ist jetzt ein guter Zeitpunkt dafür gekommen.

Pfad 3.5/3

Das Tragen einer Last schwächt Sie.
Räuber können Ihr Eigentum stehlen.
Selbst in einer Kutsche sind Sie nicht sicher.
Am besten ist es, Sie warten ab.

Es wird nicht alles gut laufen, aber mit Umsicht können Sie ernsthaften Schaden vermeiden. Indem man Sicherheitsvorkehrungen trifft, läßt sich eine Niederlage nicht in einen Erfolg verwandeln. Gehen Sie sparsam mit Ihren Kräften um, Sie haben nicht so viele, wie Sie meinen.

Zeit: Eine ruhelose Übergangszeit. Sie geraten oft in Versuchung, verfrüht Veränderungen vorzunehmen oder sich von allen möglichen Dingen ablenken zu lassen. Am besten gehen Sie alles langsam und beständig an.

Pfad 3.5/4 🙁

Der große Zeh ist verletzt.
Der nächste Schritt in Richtung Freiheit verzögert sich.
Am besten warten Sie ab.

Es ist sicher nicht anzuraten, sich mit einem verletzten Zeh auf den Weg in die Freiheit zu machen. Denken Sie gründlich darüber nach, wie Sie in geschäftlichen Angelegenheiten eine Verbesserung erzielen könnten.

Zeit: Schwierigkeiten werden sich letztendlich auflösen, vorausgesetzt, Sie haben sich keine neuen geschaffen. Versuchen Sie, ruhig und konsequent voranzukommen.

Pfad 3.5/5

Auf dem Weg zur Freiheit gibt es Fallen.
Dann gehört der Erfolg Ihnen.
Achten Sie auf jeden Schritt.

Hier bestehen gute Erfolgsaussichten, aber es lauern auch Gefahren. Erledigen Sie alle Angelegenheiten ordentlich, überstürzen Sie nichts, sparen Sie nicht am falschen Fleck. Überlegen Sie gründlich, bevor Sie handeln, und lassen Sie einen breiten Sicherheitsspielraum.

Zeit: Aktiv. Alle alten Probleme lassen sich überwinden. Neue Projekte werden begünstigt.

Pfad 3.5/6

Wie ein großer Jäger.
Ein Falke wird getötet.
Eine Mauer bröckelt ab.

Sie können auf diesem Pfad sehr wagemutig sein, sollten aber die Vorsicht nicht außer acht lassen.

Zeit: Sie können alte Hindernisse aus dem Weg räumen und auf etwas Besseres hinarbeiten. Seien Sie aktiv.

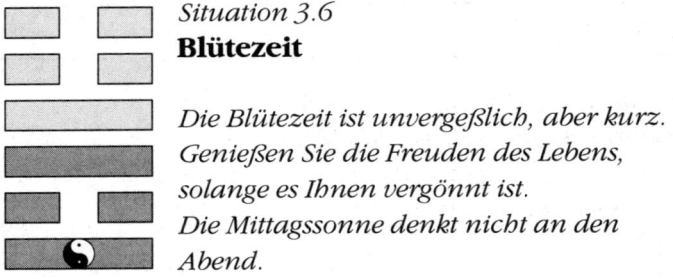

Situation 3.6
Blütezeit

Die Blütezeit ist unvergeßlich, aber kurz.
Genießen Sie die Freuden des Lebens,
solange es Ihnen vergönnt ist.
Die Mittagssonne denkt nicht an den
Abend.

Intensität im Haus des Erwachens. Keiner dieser Archetypen verfügt über Ausdauer, sie bewirken Veränderungen und verabschieden sich dann. Das Erwachen wird mit kräftigem Wachstum, die Intensität mit heißer Sonne in Verbindung gebracht. Diese Verbindung bringt große Fülle. Die Verbindung von Intensität (Sonne) mit Erwachen (schnellwachsende Pflanzen) sorgt auch für viel Laub, das auf einigen Pfaden das Licht verdunkelt. Sie werden dadurch weniger günstig.

Einige Dinge sind nicht für ein langes Leben bestimmt. Die langen, heißen Sommertage vergehen schnell, aber nur ein Dummkopf denkt bei schönem Wetter besorgt an den Winter. Die Vorteile dieser Situation sind nicht dauerhaft, aber solange Sie bedenken, daß Sandburgen vom Meerwasser weggespült werden, können Sie unbesorgt welche bauen. Die Blütezeit ist der Höhepunkt des Fortpflanzungszyklus. Deshalb braucht man nicht traurig zu sein, wenn sie zu Ende geht, denn sie kommt wieder. Blumen sind sehr empfindlich und nehmen leicht Schaden. Seien Sie also bei dem, was Sie tun, vorsichtig.

Pfad 3.6/1

Die Blütezeit muß erhalten werden.
Begegnung mit einem freundlichen Herrscher.
Zehnmal arbeiten sie zusammen.
Suchen Sie nach Anerkennung.
Keine Fehler.

Die beste Blütezeit. Eine gute Gelegenheit wird zu Erfolg führen. Handeln Sie jetzt, während alles gut läuft. Eine Autoritätsperson wird Ihnen helfen. »Keine Fehler« bedeutet, daß alles gut endet, selbst wenn jetzt scheinbar etwas schief läuft.
Zeit: Ein guter Zeitpunkt für große Veränderungen. Damit können große Probleme gemeint sein, aber diesmal schaffen Sie es. Eine Veränderung, die Sie jetzt vornehmen, wird sich noch lange Zeit auf Sie auswirken. Sehr günstig: Jetzt ist ein guter Zeitpunkt, neue Projekte in Angriff zu nehmen und Vorkehrungen für die Zukunft zu treffen.

Pfad 3.6/2

So belaubt sind die Weinreben, daß sogar mittags
Dunkelheit herrscht.
Sie werden möglicherweise mit Mißtrauen und Groll
konfrontiert.
Setzen Sie die Kraft der Wahrheit ein, und alles wird gut.

Sie müssen eine Weile warten, denn es gibt Probleme, die wie Wolken die Sonne verdecken. Wenn sie vorübergezogen sind, dürfen Sie handeln.

Zeit: Es liegt eine dunkle Vorahnung, ein Schatten, auf Ihrem Wohlergehen. Seien Sie vorsichtig im Umgang mit Ihren Ressourcen. Die Gefahr wird bald vorbei sein.

Pfad 3.6/3

So belaubt sind die Weinreben, daß sogar mittags
Dunkelheit herrscht.
Besser brechen Sie sich den rechten Arm, als Schaden
damit anzurichten.
Das Glück kommt, wann es ihm beliebt.

Dieser Pfad hält einige Verwirrungen bereit. Es bietet sich möglicherweise eine gute Gelegenheit. Wenn es sich um eine Kleinigkeit handelt, können Sie sie nutzen. Aber es wartet noch etwas viel Besseres auf Sie. Es ist also besser, Sie meiden jegliche langfristigen Verpflichtungen.
Zeit: Eine Zeit unterschiedlichster Segnungen. Nutzen Sie die sich bietenden Gelegenheiten, aber schieben Sie langfristige Pläne auf. Möglicherweise können Sie kurzfristige Gewinne machen. Eine kleine Erholungspause wäre empfehlenswert.

Pfad 3.6/4

Kurze Blütezeit.
In der Dunkelheit wirkt die Lampe hell.
Wenn sich ein Weg findet, ist alles in Ordnung.

Ein komplizierter Pfad. Zuerst gelingt alles, nimmt aber dann eine Wendung zum Schlechteren (Was Sie für die Morgendämmerung hielten, war in Wahrheit eine Lampe). Wenn Sie den Kern des Problems herausfinden und es in Angriff nehmen können, läßt sich etwas erreichen.

Zeit: Gefährlich; Sie können dem äußeren Schein nicht trauen. Schrauben Sie Ihre Ansprüche zurück und halten Sie bis zum Ende durch.

Pfad 3.6/5

Verborgener Glanz.
Seien Sie ohne Absichten.

Handeln Sie bescheiden und ohne Arglist.
Zeit: Im allgemeinen gut, aber Sie sollten lieber ernten als säen.

Pfad 3.6/6

Das Haus ist überwuchert.
Man kann die Familie nicht sehen.
Wenn Sie durch das Tor sehen, erblicken Sie niemanden.
Ein Aufschub von drei Zeiteinheiten.
Unbedeutende Pechsträhne.

Es läuft nicht wie geplant. Vereinbarungen bleiben ungenutzt. Es ließe sich eine unbefriedigende Alternative finden. Keine große Gefahr, wenn Sie nicht den Kopf verlieren.
Zeit: Eine ziemlich verwirrte Zeit. Das überwucherte Haus bedeutet, daß Sie Dinge vernachlässigt haben, die Ihnen wichtig sind. Wenn das so weitergeht, werden Sie Ihre »Familie« ganz aus den Augen verlieren.

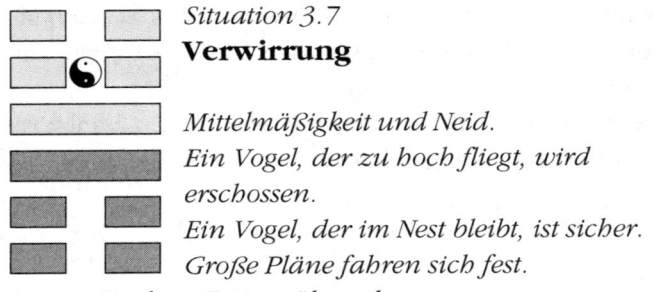

Situation 3.7
Verwirrung

Mittelmäßigkeit und Neid.
Ein Vogel, der zu hoch fliegt, wird
erschossen.
Ein Vogel, der im Nest bleibt, ist sicher.
Große Pläne fahren sich fest.
Lassen Sie diese Zeit vorübergehen.

Feste Absicht im Haus des Erwachens. Diese Beziehung funktioniert nicht. Mißverständnisse führen zu Mißtrauen und Neid. Die langsame, beständige feste Absicht verärgert das sprunghafte, ungeduldige Erwachen. Das Ergebnis ist lästiges Gezänk. Die Feste Absicht (ruhig und entschlossen) stellt das bessere Vorbild dafür dar, wie man sich in dieser Situation verhalten soll.

Diese Situation ist eine Zeit der Verwirrung, in der böswillige, inkompetente Menschen das Sagen haben. Es ist ratsam, im Moment nicht viel zu unternehmen, denn diese Zeit wird bald vorüber sein. Wichtig ist, daß Sie Ihre Energie und Ihre Ressourcen nicht für aussichtslose Projekte verschwenden.

Hier stellen sich Ihnen lästige, unwichtige Hindernisse in den Weg. Offensichtlich unbedeutende Dinge erweisen sich als enorme Ärgernisse. Sie meinen vielleicht, kleine Probleme ließen sich bewältigen. Jedes für sich genommen, ist das zutreffend, aber wenn es zu viele in zu kurzer Zeit sind, können sie ernstlich Ärger bereiten. Der Trick ist, nicht zu schnell voranzuschreiten und ein Problem nach dem anderen zu lösen, denn dann können Sie aus dieser Situation recht viel machen. Überstürztes, gedankenloses Handeln dagegen könnte für Sie riskant sein.

Aufrichtigkeit wird in dieser Situation nichts nutzen, weil böswillige Menschen das Sagen haben.

Pfad 3.7/1

Der fliegende Vogel wird verwundet.
Bleiben Sie im Nest.

Diesen Pfad sollten Sie meiden. Alle wichtigen Dinge werden scheitern. Wenn es unbedingt sein muß, gehen Sie schrittweise vor. Eine Gefahr läßt sich durch Vorsicht abwenden.
Zeit: Ziemlich frustrierend. Sie möchten zwar etwas verändern, aber das führt zu nicht enden wollenden, unvorhergesehenen Problemen. Sie müssen methodisch und gewissenhaft vorgehen. Schaffen Sie sich kleine Probleme vom Hals, dann stehen Sie am Ende dieser Zeit besser da als am Anfang

Pfad 3.7/2

Ein Mädchen trifft seine Großmutter.
Ein Junge trifft seinen Großvater.
Es war eigentlich andersherum geplant.
Man kann nicht mit dem Herrscher sprechen.
Nur ein Diener steht zur Verfügung.
Dagegen kann man nichts tun.

Ein Bild der Verwirrung, aber am Ende scheint eine gewisse Ordnung zu herrschen. Kleine Dinge laufen gut, große scheitern.
Zeit: Nicht besonders lustig. Wenn Sie sich in Ruhe um Ihre eigenen Angelegenheiten kümmern, passiert Ihnen nichts.

Pfad 3.7/3

Passen Sie auf.
Jemand könnte Ihnen in den Rücken fallen.

Mit »in den Rücken fallen« könnten Betrug, ein Hinterhalt oder irgendeine andere unerwartete Gefahr gemeint sein. Diese Dinge lassen sich am schwersten vermeiden. Die Lage sieht nicht sehr ernst aus, aber es gibt doch etwas, worauf Sie gern verzichten würden.

Zeit: Gefährlich und ungewiß. Es muß etwas verändert werden, doch überstürztes Handeln wäre ein großer Fehler. Behalten Sie die Nerven, halten Sie sich an das, was Sie bereits haben, und planen Sie jeden Ihrer Züge sorgfältig. Achten Sie auf Ihre Worte, ein »Freund« ist vielleicht nicht das, was er zu sein scheint. Hüten Sie sich vor Menschen, die Ihnen in den Rücken fallen könnten.

Pfad 3.7/4

Eine Begegnung, aber nicht wie geplant.
Es ist gefährlich, das Nest zu verlassen.

Diesem Pfad sollten Sie möglichst nicht folgen. Manchmal bezieht er sich auf etwas, das Sie aus Gefälligkeit tun, das Ihnen später mehr Ärger einbringt, als Sie dachten.

Zeit: Eine gefährliche Zeit, Sie müssen es geschickt anfangen. Sie können unmöglich sofort entkommen. Warten Sie den richtigen Zeitpunkt ab und halten Sie sich bereit. Lassen Sie sich von niemandem beeinflussen.

Pfad 3.7/5 🙁

Dichte Wolken.
Kein Regen.
Man hat das Wild aufgestöbert.
Aber der Jäger kann es immer noch fangen.

Wieder ein Bild der Verwirrung: »Dichte Wolken, kein Regen«
bedeutet, daß Versprechungen nicht erfüllt werden.
Aufgestöbertes Wild kann man zwar fangen, aber es bedeutet
eine Menge Arbeit für wenig Lohn.
Zeit: Nicht besonders lustig. Wenn Sie sich in Ruhe um Ihre
eigenen Angelegenheiten kümmern, wird Ihnen nichts passieren.

Pfad 3.7/6 🙁

Die Verbindung klappt nicht.
Der Vogel fliegt allein davon.
Mißerfolg.
Das bedeutet Pech und Verletzungen.

Es wird sehr schwer sein, irgend etwas erfolgreich durchzu-
führen. Besser ist es, Sie nehmen es leicht. Wenn Sie sich jetzt
zu sehr anstrengen, kommen Sie in Schwierigkeiten.
Zeit: Nicht sehr gut, Sie können wenig tun. Sie müssen Ihre
Kräfte schonen und auf bessere Zeiten warten.

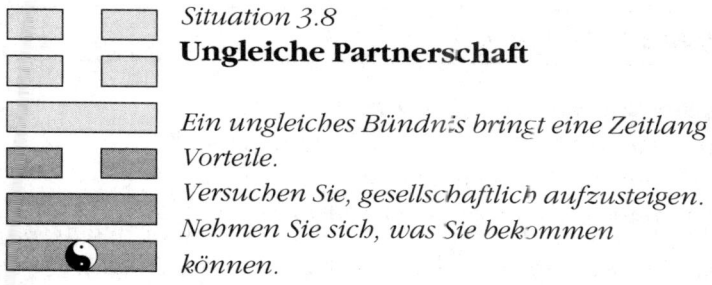

Situation 3.8
Ungleiche Partnerschaft

*Ein ungleiches Bündnis bringt eine Zeitlang
Vorteile.
Versuchen Sie, gesellschaftlich aufzusteigen.
Nehmen Sie sich, was Sie bekommen
können.
Gehen Sie weiter, wenn der rechte Zeitpunkt gekommen ist.
Andernfalls ist ein Mißerfolg gewiß.*

Flucht im Haus des Erwachens. Das Erwachen spielt sich als
kleinlicher Tyrann auf und versucht, die Flucht auszubeuten.
Die Flucht kontert mit Boshaftigkeit und Dreistigkeit, um ihre
eigenen Interessen zu schützen. Diese unbequeme Beziehung funktioniert, solange ein echtes gemeinsames Interesse
vorhanden ist.
Sie sind in einer schwachen Position, obwohl Sie eigentlich
etwas Besseres verdient hätten. Sie sollten aktiv werden, um
etwas zu verbessern. Der traditionelle Text des I Ging verwendet das Bild eines armen, aber intelligenten Mädchens,
das die Geliebte eines reichen Mannes wird. Wenn beide
Partner von der Beziehung profitieren, dann ist alles in Ordnung, aber wenn die Ansprüche des Stärkeren überhandneh-
men, sollte der Schwächere aussteigen. Da Sie verletzlich
sind, sei es Ihnen verziehen, daß die Methoden, die Sie einsetzen, nicht ganz der Moral entsprechen. Lassen Sie sich
nicht unterdrücken.

131

Lahm, kann aber noch gehen.
Müde und allein.
Sie erringen einen großen Sieg.

Das Bild zeigt einen Menschen mit beschränkten Mitteln, der sich nach Kräften um sich selbst kümmern muß. Sie werden nur wenig Hilfe bekommen, und wenn Sie in der Klemme sitzen, müssen Sie bereit sein, ausgefallene Methoden anzuwenden. Sie müssen tun, was Sie tun müssen. Kraftvoller Fortschritt kann kurzfristig erfolgreich sein. Selbst wenn Sie stark benachteiligt sind, können Sie einen Wettbewerb gewinnen. Nutzen Sie Ihre Schlauheit und auch Ihre Kraft, und bleiben Sie immer auf der Hut. Kämpfen Sie unfair, wenn jemand Sie zu weit treibt. Obgleich sich auf diesem Pfad große Hindernisse überwinden lassen, wird die Glückssträhne irgendwann zu Ende sein. Er ist beispielsweise geeignet, um Prüfungen abzulegen, aber weniger vorteilhaft für eine Karriere.

Zeit: Im allgemeinen positiv, Sie setzen sich durch, auch wenn Sie im Nachteil sind. Ein zeitlich begrenztes Projekt wird sich gut entwickeln und könnte zu etwas Dauerhafterem führen. Ein wenig Schweiß und Anstrengung werden Ihnen guttun.

Einäugig, kann aber sehen.
Kommt allein zurecht.
Aus Trauer erwächst Erfolg.

Sie können nicht recht auf die Hilfe anderer Menschen zählen. Jemand läßt Sie im Stich, doch das verleiht Ihnen Kraft, und alleine kommen Sie besser zurecht. Sofern Sie um Ihre Schwachstellen wissen, werden Ihnen diese nicht allzusehr schaden. Mit Schlauheit werden Sie Erfolg haben. In diesem Zusammenhang ist das Wort »einäugig« durchaus als Kompliment gedacht, denn das I Ging hält die meisten Menschen für Blinde.

Zeit: Es kann sein, daß Sie mit Problemen allein zurechtkommen müssen. Das klingt zwar traurig, aber Sie werden die Sache sehr gut in den Griff bekommen. Ein kurzfristiges Projekt wird gelingen und eventuell zu etwas Dauerhafterem führen.

Pfad 3.8/3

Der schwächere Partner ist nicht viel besser als ein Sklave.
Dulden Sie dies nicht lange.

Sie werden auf diesem Pfad viel weniger bekommen, als Ihnen zusteht. Alle Pläne, die Ihnen vorschweben, sind eigentlich unter Ihrer Würde: Sie sollten sich nach etwas Besserem umschauen. Bei allem wird es Verzögerungen geben. Ein verlockendes Angebot hält nicht, was es verspricht.

Zeit: Sie befinden sich in unbefriedigenden und ziemlich erniedrigenden Umständen. Sie müssen sich langfristig gesehen nach etwas Besserem umsehen. Es gibt keinen Grund, weshalb Sie sich auf Dauer mit schlechten Bedingungen abfinden sollten.

Pfad 3.8/4

Verspätete Partnerschaft.
Zuerst wird der schwächere Partner abgelehnt,
dann etwas grollend akzeptiert.
Es könnte besser sein, es könnte schlimmer sein.

Ein schlechter Anfang, aber die Probleme erledigen sich zu gegebener Zeit von selbst, wenn Sie einen kühlen Kopf bewahren. Langfristig gesehen werden Sie etwas ändern müssen, wenn Sie dauerhaften Erfolg wünschen. Eine Beziehung wird immer unangenehm sein. Vermeiden Sie es, sich auf kostspielige Abmachungen einzulassen. Schieben Sie alles auf. Vermeiden Sie langfristige Verpflichtungen.
Zeit: Verzögerungen und Hindernisse werden in dieser Zeit überwunden. Dies ist eine Übergangsphase in Ihrem Leben, machen Sie das Beste daraus. Meiden Sie langfristige Verpflichtungen.

Die Geliebte des Königs ist hübscher
als seine Braut.
Bei der Hochzeit versteckt sie sich hinter einem Schleier,
um dem Haß der neuen Königin zu entgehen.
Der fast volle Mond ist der günstigste.

Hier geht es darum, etwas vor dem Neid anderer zu verbergen und es sich in aller Ruhe entwickeln zu lassen. Hüten Sie sich davor, versehentlich jemanden zu verärgern, denn er kann Ihnen mehr Schaden zufügen, als Sie glauben. Wenn Sie auf diesem Pfad Ihre Tugend verstecken und Ihre Stärken herunterspielen, bewahrt Sie dies vor Schaden. Solche Bescheidenheit gilt als sehr vorteilhaft. Die Anspielung auf den Mond bedeutet, daß Ihre Macht, hat sie erst einmal ihren Höhepunkt erreicht, abzunehmen beginnt. Der Ratschlag lautet: Seien Sie wie der Mond, der fast voll ist, und glänzen Sie nicht allzu hell. Dieser Pfad birgt eine große Weisheit, die Sie beherzigen sollten. Sorgen Sie sich nicht um den äußeren Schein; was zählt, sind Ihre inneren Qualitäten.

Zeit: Jetzt ist nur begrenzt Fortschritt möglich. Kämpfen Sie nicht mit Autoritäten. Durch geschicktes Taktieren könnten Sie sich langfristig etwas Besseres aufbauen.

Beim Hochzeitsfest.
Die Braut bringt einen Korb, in dem keine Früchte sind.
Der Bräutigam opfert ein Schaf, das nicht blutet.

Hier läßt sich nichts gewinnen. Handeln Sie nicht. Diese alte Redewendung ist mit ziemlicher Sicherheit eine blumige Umschreibung für die Unfruchtbarkeit der Frau und die Impotenz des Ehemannes. Das kann nicht gutgehen.

Zeit: Überlegen Sie, eine neue Richtung im Leben einzuschlagen. So wie die Dinge stehen, gibt es nicht viel Hoffnung. Seien Sie aktiv und ergreifen Sie Maßnahmen gegen das Unglück, das sich anbahnt.

4.

Das Haus der Guten Jagd

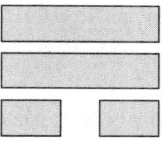

Nutzen Sie den Augenblick,
folgen Sie Ihrem Herzen.
Seien Sie wie der Wind, der überallhin weht.
Erfahren Sie die Geheimnisse
der vier Ecken und dringen Sie in die
Schatzkammer des Drachens ein.
Handeln Sie kühn, denn Unentschlossenheit
führt zu Mißerfolg.

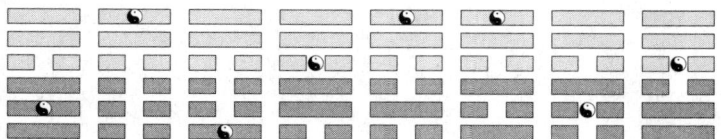

Das Haus der Guten Jagd ist in vielerlei Hinsicht das vorteilhafteste Haus. Die Jagdtechnik läßt sich auf die meisten Bereiche anwenden: Geld, Liebe, Studium oder spirituelles Wachstum. Die Gute Jagd entspricht dem Wind, und genau wie der Wind bekommt sie meist, was sie sich wünscht. In diesem Haus sollten Sie aktiv sein und nach sinnvollen Wahlmöglichkeiten suchen. Wenn Sie das Land ausgekundschaftet haben, können Sie handeln. Einer der Gründe für den Erfolg der Guten Jagd sind die unterschiedlichen Taktiken, die sie einsetzt. Sie kann unaufdringlich und durchdringend oder stark und kraftvoll sein, mit allen Abstufungen, die dazwischenliegen.

Schwachpunkte, auf die Sie achten müssen, sind Unentschlossenheit und Ungeduld. Der rastlose Wind sieht viele faszinierende Dinge und kommt nie zur Ruhe.

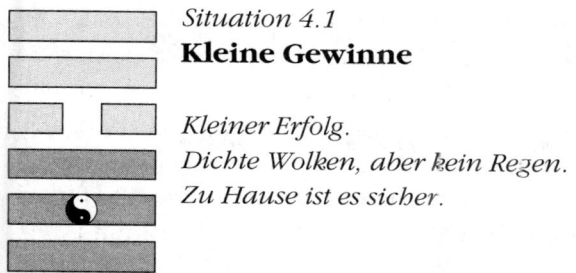

Situation 4.1
Kleine Gewinne

Kleiner Erfolg.
Dichte Wolken, aber kein Regen.
Zu Hause ist es sicher.

Herausforderung im Haus der Guten Jagd. Hier herrscht keine echte Harmonie, denn die Gute Jagd empfindet die autoritäre Herausforderung als unwillkommenen Gast und geht ihr aus dem Weg. Sofern keine Verpflichtungen bestehen, bleiben Auseinandersetzungen fruchtlos.

Dichte Wolken ohne Regen bedeuten entweder, daß eine offenbar bevorstehende Krise niemals eintritt oder daß aus versprochenen Gewinnen nichts wird. Diese Situation ist stets nur mittelmäßig, etwas Bedeutungsvolles kann man hier nicht erreichen.

Pfad 4.1/1 ☺

Kleine, aber sichere Gewinne.
Die Rückkehr nach Hause bringt dann Glück.

Sofern Sie nicht zuviel erwarten, können Sie diesem Pfad unbesorgt folgen. Bei Kleinigkeiten läuft alles gut, aber von wichtigen Angelegenheiten sollten Sie die Finger lassen.
Zeit: Eine ganz unbedenkliche und im allgemeinen angenehme Zeit, wenn Sie sich mit kleineren Dingen zufriedengeben.

Pfad 4.1/2 ☺

Zur Rückkehr überredet.
Dauernd kleine Gewinne.
Kein Grund für Reue.

Vermeiden Sie Verpflichtungen, auch wenn es sehr verlockend ist, welche einzugehen. Sie müssen sich »überreden«, sich mit kleinen Dingen zu begnügen, die funktionieren.
Zeit: So gut wie unbedenklich, aber Sie sollten nichts Wichtiges unternehmen. Machen Sie keine großen Pläne.

Ein offenbarer Sieg.
Viel zu verlieren.
Die Achse bricht.
Mann und Frau verdrehen die Augen.

Dieser Pfad beginnt gut, aber bald geht alles schief. Im Augenblick sollten Sie lieber nicht handeln. Geraten Sie nicht in Panik, sonst könnte sich ein Mißgeschick zu einer Katastrophe ausweiten, doch wenn Sie Geduld aufbringen, wird sich alles nach und nach von selbst erledigen.
Zeit: Sie müssen alle möglichen Ärgernisse mit Würde ertragen. Gehen Sie Streit aus dem Weg. Besinnen Sie sich auf Ihre wahren Freunde.

Viel zu verlieren.
Vorwärtsstürmen könnte zu Blutvergießen führen.
Es ist immer noch leicht, sich zurückzuziehen.

Der Begriff Blutvergießen ist wahrscheinlich etwas übertrieben: Im allgemeinen bedeutet er daß Sie vielleicht in Versuchung geraten, einen dummen Fehler zu begehen. Aber selbst in letzter Minute ist es nicht zu spät, um sich zurückzuziehen und sich einen demütigenden Mißerfolg zu ersparen.
Zeit: Halten Sie sich aus Ärgernissen heraus. Drängen Sie niemanden in die Ecke, er wird sonst unangenehm. Es ist gut, wenn Sie Ihr Leben ruhig weiterleben. Nicht gut für große Pläne.

Pfad 4.1/5

Kleine Gewinne mit einem Freund.

Gut für alle kleineren Vorhaben. Aus einer Freundschaft oder Liebesgeschichte wird nichts werden, aber auch eine flüchtige Bekanntschaft kann unterhaltsam sein.

Zeit: Kleinigkeiten laufen gut, und im allgemeinen ist das Leben recht erfreulich. Erwarten Sie nicht mehr, dann geht alles gut.

Pfad 4.1/6

Der Regen setzt sporadisch ein und hört wieder auf.
Viele kleine Gewinne.
Eine Frau macht ruhig weiter.
Ein Mann versucht es mit Gewalt.
Beide scheitern.
Hüten Sie sich vor dem abnehmenden Mond.
Das Schicksal stellt ständig neue Anforderungen.

Theoretisch können Sie, wenn Sie über einen langen Zeitraum hinweg kleine Gewinne machen, etwas Großes aufbauen. Aber es reicht schon ein einziger Fehler, um die Arbeit von Monaten zunichte zu machen, und genau das geschieht auf diesem Pfad. Sofern Sie nur geringe Erwartungen hegen, können Sie unbedenklich weitermachen. Ein neues Vorhaben wird Ihnen mehr Sorgen machen, als es wert ist.

Zeit: Beunruhigend: Etwas, wofür Sie lange gearbeitet haben, wird durch einen dummen Fehler zunichte gemacht. Wahren Sie sorgsam Ihre Interessen.

142

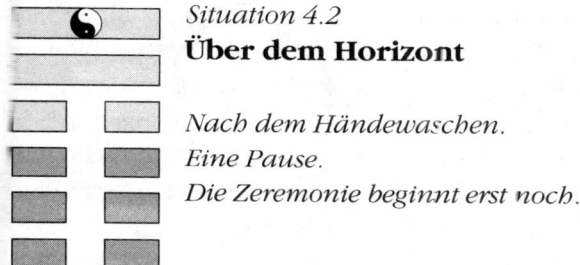

Situation 4.2
Über dem Horizont

Nach dem Händewaschen.
Eine Pause.
Die Zeremonie beginnt erst noch.

Entwicklung (ebene Erde) im Haus der Guten Jagd (Wind). Der Wind bewegt sich ungehindert über der ebenen Erde, und von einer Erhebung aus kann man weit blicken.

In dieser Situation geht es darum, Ihr Leben auf lange Sicht zu betrachten. Wenn Ihre Weltsicht derzeitig zu eng ist, besteht die Gefahr, daß Dinge zu kurz kommen, die für die Zukunft wirklich von Bedeutung sind. Schnell beherrschen unwesentliche Dinge das Denken. Bevor man weitermacht, sollte man besser eine Pause einlegen, um sich die Sache von einem unparteiischen Blickwinkel aus anzusehen. Vielleicht ist ein Neubeginn oder ein anderer Standort von Vorteil. Oder Sie müssen einfach nur Ihre Einstellung ändern. Halten Sie Rückschau auf Ihr Leben: Was hat gut funktioniert, was nicht, und warum?

Halten Sie sich nicht mit Prinzipien von richtig und falsch auf oder mit der Frage, wer schuld hat. Sehen Sie sich die Ergebnisse Ihres Tuns und dem anderer Menschen an. Überlegen Sie genau, was Sie glücklich gemacht hat und wie Sie es wiederholen können. Überlegen Sie genau, was Ihnen Kummer bereitet hat und wie Sie ihn vermeiden können. Bei dieser Situation geht es immer um eine bestimmte geistige Haltung.

Nichts ist so gewiß, als daß es nicht immer wieder hinterfrag werden sollte. Das heißt nicht, daß Sie von jetzt an imme unentschlossen sein oder an sich zweifeln sollen – nehmer Sie sich einfach einen Moment Zeit zum Nachdenken, bevor Sie handeln.

Die Zeit ist günstig für Reisen und Studium. Finanzen und Gesundheit könnten Belastungen ausgesetzt sein.

Unausgegorene Aussichten.
Sie müssen Ihr Gesichtsfeld erweitern.
Die Starken werden leiden.

Sie hegen wahrscheinlich naive Erwartungen. Ein Vorhaben wird sich nicht wie geplant entwickeln. Ein schwacher Mensch, der niemals Pläne verwirklicht, hat nichts zu befürchten, aber ein starker wird auf den falschen Pfad geraten. *Zeit:* Banale Probleme erschweren den Blick nach vorn. Tun Sie Ihr Bestes, um den Kurs zu halten. Ein Mensch in verantwortlicher Position wird in dieser Zeit wahrscheinlich leiden. Die Unfähigkeit, sinnvolle Entscheidungen zu treffen, wiegt schwerer, wenn andere sich auf Sie verlassen. Eine schlechte Zeit, was Gesundheit und Geld betrifft.

Eingeengte Sicht.
Wie die einer altmodischen Hausfrau.
Das ist nur bei einem schwachen Menschen gut.

Sie sind in einer schwachen Position. Sie müssen über all Ihre Pläne und ihre langfristigen Auswirkungen nachdenken. *Zeit:* Im allgemeinen schlecht. Man sieht den Wald vor lauter Bäumen nicht. Seien Sie großzügig, wenn andere versagen. Zur Sichtweise einer Hausfrau gehört Bigotterie. Wenn Sie eine verantwortungsvolle Position bekleiden, kann es sein, daß man Sie falsch einschätzt, und das schmerzt.

Pfad 4.2/3

Vorwärtsgehen oder sich zurückziehen.
Es ist besser, entschlossen zu handeln.

Wenn Sie zögern, wird ein Schritt nach vorn ebenso schwierig wie ein Rückzug. Beurteilen Sie die Lage und treffen Sie eine schnelle Entscheidung.
Zeit: Zögern Sie nicht, gehen Sie wichtige Entscheidungen mutig an.

Pfad 4.2/4

Den Ruhm des Königreichs sehen.
In Kontakt mit dem Herrscher.
Alles läuft gut.

»Den Ruhm sehen« bedeutet zu wissen, was für alle Beteiligten das Beste ist. Sie können sich einflußreichen Menschen nähern. Für Reisen und Umzüge ist die Zeit sehr günstig.
Zeit: Im allgemeinen gut. Sie können etwas verändern, verreisen oder umziehen.

Pfad 4.2/5

Die eigenen Taten betrachten.
Es gibt viel zu lernen.

Sehen Sie sich die Ergebnisse Ihrer vergangenen Taten an und beurteilen Sie, wie erfolgreich Sie gewesen sind. Denken

Sie darüber nach, wie Sie auf andere Menschen wirken. Handeln Sie dann zuversichtlich.

Zeit: Ein guter Zeitpunkt für einen Umzug oder einen Neubeginn.

Pfad 4.2/6

Von einer Erhebung hinunterschauen.
Alles ist klar.
Es passieren keine Fehler.

Sie wissen, was zu tun ist, und sollten handeln. Die Erhebungen bedeuten sowohl eine gute Sicht als auch hehre Prinzipien.

Zeit: Gut für Reisen, Umzüge oder die Verwirklichung neuer Pläne.

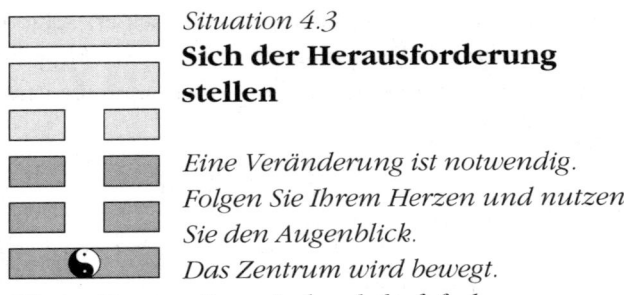

Situation 4.3

Sich der Herausforderung stellen

Eine Veränderung ist notwendig.
Folgen Sie Ihrem Herzen und nutzen
Sie den Augenblick.
Das Zentrum wird bewegt.
Die im Sturm reiten, sind wahrhaft froh.
Die Zurückbleibenden ereilt ein Unglück.

Erwachen (Donner) im Haus der Guten Jagd (Wind). Instabil, aber dynamisch und leistungsstark.

Eine bedeutende Veränderung steht an, aber wie soll sie aussehen? Dies läßt sich schwer bestimmen, und Sie sollten sich auf einen Prozeß mit mehreren Versuchen und Irrtümern einstellen. Wichtig ist, daß Sie in Bewegung kommen, solange Sie können. In dieser Situation läßt man nur allzu leicht den Augenblick verstreichen – ein Fehler, den Sie noch bereuen werden. Hinterher, wenn es zu spät ist, sieht man meist deutlich, was man hätte tun sollen.

Im Augenblick ist Ihre Position recht stark, aber die Zeit arbeitet gegen Sie. Nutzen Sie Ihre Kraft jetzt, bald wird es zu spät sein. Wenn Sie wirklich handeln, gibt es viel zu gewinnen, also seien Sie mutig, schlagen Sie Ihre Vorsicht in den Wind und folgen Sie Ihrem Herzen. Dann wird Sie der Sturm unbeschadet über alle Gefahren hinwegtragen.

Die Veränderungen, die Sie vornehmen, werden Sie Ihrem wahren Selbst näherbringen. Zum wahren Selbst gehören Ihre Neigungen und die Menschen, Aktivitäten und Orte, die

Ihnen am meisten am Herzen liegen. In Ihrem derzeitigen Leben können Sie dieses Wesen nicht zum Ausdruck bringen, deshalb müssen Sie sich ändern. Vorsicht, das ist unter Umständen nicht einfach.

Pfad 4.3/1

Große Veränderungen.
Mit dem Sturm reiten.
Vollbringen Sie Großes.

Wenn Sie die Vorteile dieses Pfades genießen wollen, müssen Sie Stärke und Entschlossenheit mitbringen. Seien Sie forsch, nutzen Sie jede sich bietende Gelegenheit.
Zeit: Es tauchen Probleme auf, die bedenkliche Schwachpunkte Ihres Lebensstils aufzeigen. Es ist gefährlich, weiterzumachen, ohne etwas zu verändern. Wenn Sie jetzt entschlossen handeln, wird dies Ihr Leben im positiven Sinne neu gestalten.

Pfad 4.3/2

Große Veränderungen.
Zehn Schildkröten geben ihren Segen.
Aufrichtige Absichten.
Keine Fehler.

Sie müssen sich sehr anstrengen, um große Hindernisse zu überwinden. Schildkröten setzte man früher für Weissagungen ein, dies bedeutet also zehn günstige Voraussagen, mit anderen Worten: wirklich sehr viel Glück. Das heißt aber nicht, daß es einfach sein wird.
Zeit: Sie müssen umfassende Veränderungen vornehmen, und wenn Sie den Mut dazu haben, winkt Ihnen großer Erfolg. Wenn Sie nicht energisch handeln, werden Sie es bereuen.

Pfad 4.3/3

Unwillkommene Veränderungen bringen Glück.
Tragen Sie ein Jadetäfelchen.
Dann werden sogar Adlige gehorchen.

In unruhigen Zeiten versagen die üblichen Regeln. Wenn ein Prinz krank wird, muß selbst er einen Arzt um Rat fragen. Das Jadetäfelchen ist ein Symbol für Autorität, das heißt, daß Sie genügend Kraft haben, um Notwendiges zu erledigen, und daß andere Ihnen nicht im Weg stehen werden.
Zeit: Schwierige Zeiten, aber wenn Sie im Sturm reiten, werden Sie Ihr Glück finden.

Pfad 4.3/4

Die Mitte bewegen.
Laufen Sie in der Mitte.
Prüfen Sie Ihre Autorität.
Sogar Adlige gehorchen.
Glück.

Dies ist ein kraftvoller Pfad. Die Mitte bewegen bedeutet, etwas Grundlegendes zu verändern. Bei wichtigen Angelegenheiten können Sie sich nicht allein auf Ihre Autorität verlassen, vergewissern Sie sich auch, daß Sie im Interesse aller handeln. »In der Mitte laufen« heißt, notwendige Kompromisse zu schließen.
Zeit: Diese Zeit ist vielleicht nicht besonders günstig, denn Veränderungen sind oft schmerzhaft, und das Wissen um die

notwendigen Veränderungen erfordert viel Selbstprüfung. Bringen Sie den Mut auf, zu Ihren Überzeugungen zu stehen, und tun Sie, was Sie tief im Herzen für richtig halten. Dann werden Sie einen großen persönlichen Sieg davontragen.

Pfad 4.3/5

Aufrichtig und großzügig.
Treu und ergeben.
Fragen sind unnötig.

Hier wird der Rat erteilt, wie man Erfolg aufrechterhalten, und nicht, wie man ihn erlangen kann. Wenn Sie die erwähnten guten Eigenschaften pflegen, werden Sie nur selten Orakel befragen müssen, da Ihnen das Glück immer hold sein wird. Praktisch gesprochen werden Sie mit jedem Plan, den Sie energisch in die Tat umsetzen, großen Erfolg haben. Deshalb lohnt es sich, darüber nachzudenken, wie Sie mit dem Erfolg, sobald er sich eingestellt hat, umgehen wollen.

Zeit: Veränderungen sind niemals einfach, aber hier kann man sie erfolgreich vornehmen. Nutzen Sie den Augenblick und ändern Sie Ihr Schicksal zum Besseren.

Gehen Sie nicht weiter.
Neider werden gegen Sie intrigieren.
Verbreitern Sie das Fundament.
Halten Sie den Feind bei Laune.

Sie müssen Ihre Einstellung ändern; denn unheilvolle Kräfte brauen sich über Ihnen zusammen. Sie müssen sich etwas ausdenken, um ihrem Einfluß entgegenzuwirken. »Das Fundament verbreitern« bedeutet, dafür zu sorgen, daß andere Menschen von Ihrer Existenz profitieren. ›Den Feind bei Laune halten« bedeutet, Ärger fürs erste fernzuhalten.

Zeit: Sie müssen sehr schlau sein, wenn Sie Verletzungen vermeiden wollen. Machen Sie unbedingt einen Bogen um Menschen, die Unruhe stiften.

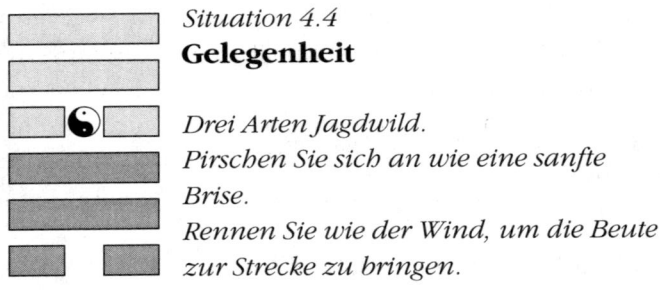

Situation 4.4
Gelegenheit

Drei Arten Jagdwild.
Pirschen Sie sich an wie eine sanfte Brise.
Rennen Sie wie der Wind, um die Beute zur Strecke zu bringen.

Gute Jagd im Haus der Guten Jagd. Dies ist eine sehr harmonische und durchaus produktive Beziehung: Machen Sie das Beste daraus.

Ein Jäger beobachtet, beurteilt und schleicht sich dann sachte an die Beute heran. Die letzte Bewegung erfolgt so schnell und ist so zielsicher, daß es nur ein Ergebnis geben kann. An diesem Beispiel lernen wir, Wissen mit Handeln zu kombinieren. Wenn Sie sanft sind, wird Ihnen die Wahrheit nicht verborgen bleiben, und wenn Sie die Wahrheit kennen, gibt Ihnen dies die Kraft zu effektivem Handeln.

Was die Strategie betrifft, so sollte ein Problem zuerst in kleinere Einheiten zerlegt werden. Diese kleinen Einheiten kann man sich der Reihe nach vornehmen. Bei einer Jagd hat jeder Teilnehmer eine spezifische Aufgabe und mit vereinten Kräften können Jäger, auch wenn sie nur mit Speeren bewaffnet sind, selbst die gefährlichste Beute erlegen.

Sie erhalten diese Situation oft dann als Antwort, wenn Sie sich mit einer schwierigen, aber lohnenden Aufgabe konfrontiert sehen. Zuerst müssen Sie vorsichtig sein und abwägen, wo Ihre Interessen liegen, und erst dann Ihren Zug machen.

Warnung: Lassen Sie Vorsicht nicht zur Schwäche werden. Handeln Sie schnell und forsch und halten Sie entschlossen bis zum Ende durch, dann wird sich der Erfolg einstellen. In dieser Situation lernen wir, unsere Intelligenz einzusetzen, um das Land zu erkunden, die Lage zu analysieren und dann einen Handlungsplan zu erstellen, den wir in die Tat umsetzen.

Pfad 4.4/1 ☺

Ihr Engagement gerät ins Wanken.
Weitergehen oder zurückweichen?
Schreiten Sie voran wie ein Krieger.
Zweifel werden sich zerstreuen.

Es gibt Anlaß für Zweifel, aber sie sind meist unbegründet. Sie werden sich deswegen sicher einer Selbstprüfung unterziehen müssen, aber wenn Sie sich die Sache genau betrachten und dann zuversichtlich handeln, wird alles gutgehen.

Zeit: Sie werden von Zweifeln befallen werden, die sich später als weitgehend unbegründet herausstellen. In dieser Zeit sollten Sie sich einen Stoß geben und all das tun, was Sie vorhaben. Wichtig ist, daß Sie entschlossen handeln, sonst verlieren Sie allzu leicht die Orientierung. Es ist besser, im Unrecht zu sein, als unentschlossen zu sein.

Pfad 4.4/2 ☺

Unerwartete Gelegenheit.
Eins führt zum anderen.
Der Wind kommt überallhin.
Sogar unter das Bett.

Durch einen unbedeutenden, unerwarteten Vorfall sehen Sie Ihr Leben in einem neuen Licht, und das könnte zu einem wichtigen Schritt führen. Seien Sie mutig, aber wahren Sie Ihre wichtigsten Interessen. Prüfen Sie die Motive der anderen genau – manchmal trügt der Schein.

Zeit: Sie müssen sich gründlich mit Ihrer Situation auseinandersetzen und dann entschlossen handeln. Mit Unentschlossenheit erreichen Sie nichts, und wenn Sie vorschnell handeln, geraten Sie in Schwierigkeiten.

Pfad 4.4/3

Ihr Engagement gerät ins Wanken.
Zu viele Versuche.
Entschließen Sie sich und seien Sie erfolgreich.

Sie sollten nicht immer wieder Ihre Wahlmöglichkeiten überdenken. Das Leben ist hart, Sie müssen damit zurechtkommen. Sobald Sie Ihren Widerwillen überwunden haben, werden Sie sich besser fühlen. Selbst wenn aus dem Projekt, an dem Sie gerade arbeiten, trotz hohem Einsatz nichts Herausragendes wird, werden Sie beim nächsten Mal mehr Erfolg haben.

Zeit: Ihre Zweifel und Befürchtungen sind weitgehend unbegründet, lassen Sie sich dadurch nicht vom Weg abbringen. Wenn Sie die vielen nebensächlichen Probleme, die in dieser Zeit auftauchen, nicht ernst nehmen und unbeirrt weitermachen, erledigen sie sich wie von selbst.

Drei Arten Wild.
Zutiefst verpflichtet.
Handeln Sie wie ein Jäger.

Die drei Arten Wild sind Abenteuer, Macht (Wohlstand) und Wissen. Dieser Pfad bezieht sich oft darauf, etwas zu lernen, was langfristig gesehen sehr wertvoll ist, wenn Sie genügend Engagement aufbringen, um es zu Ende zu führen. Das kann harte Arbeit bedeuten, die aber zu hervorragenden Ergebnissen führt. Ein Schüler, der hart arbeitet, wird eine gute Note bekommen und seine Karrierechancen verbessern. Was immer Sie vorhaben, es wird sich sehr vorteilhaft auswirken.

Zeit: Nicht unbedingt einfach, aber mit viel Einsatz erzielen Sie hervorragende Ergebnisse. Nutzen Sie in dieser Zeit möglichst viele Gelegenheiten. Überlegen Sie, zu verreisen oder etwas Neues zu beginnen.

Ein schlechter Start, aber ein gutes Ende.
Bereiten Sie sich drei Tage lang vor.
Seien Sie danach drei Tage lang vorsichtig.

Die Aussichten verheißen zunächst Schwierigkeiten, aber langfristig sind sie gut.

Zeit: Arbeiten Sie konsequent weiter, auch wenn die Umstände ungünstig sind, dann wird sich Ihre Position bedeutend verbessern. Reisen und neue Projekte gelingen.

Verlegt Eigentum und eine Axt.
Kommen Sie Ihren Verpflichtungen nach.

Eine Axt ist sowohl ein Werkzeug als auch ein Verteidigungs-
gegenstand. Wenn Sie sie verlegen (ich sage »verlegen«, denn
nach meiner eigenen Erfahrung ist dies ein kurzzeitiges Problem), setzen Sie sich einer Gefahr aus. In modernen Zeiten
könnte damit ein technischer Schaden gemeint sein. Sechser-
Pfade bedeuten oft, daß man zuerst eine Sache erledigen
muß, bevor man sich einer anderen zuwendet, und daß man
sich durch zu schnelles Voranschreiten Gefahren aussetzt.
Zeit: Führen Sie Dinge zu Ende und schließen Sie Ihre Angelegenheiten ab. Eine Zeit, in der Sie sich selbst gegenüber
bestimmt auftreten sollten.

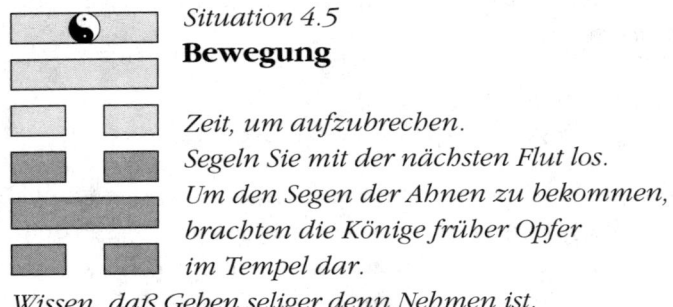

Situation 4.5
Bewegung

Zeit, um aufzubrechen.
Segeln Sie mit der nächsten Flut los.
Um den Segen der Ahnen zu bekommen,
brachten die Könige früher Opfer
im Tempel dar.

Wissen, daß Geben seliger denn Nehmen ist.

Gefahr (Wasser, Mond) im Haus der Guten Jagd (Wind, Holz). Der Wind bläst beständig über das Wasser, und Boote fertigt man aus Holz. Diese Archetypen reisen gern und lösen sich auf, daher läßt sich Geld schwer festhalten. Aber diese Situation bezieht sich auch auf die Aussaat von Samen: Ausgaben, die wir jetzt tätigen, tragen später Früchte. Eine freundliche Tat nährt den Keim für spirituelles Wachstum.

Man kann nicht immer statisch bleiben, und jetzt haben Sie die Gelegenheit, sich zu bewegen. Diese Zeit müssen Sie nutzen, solange die Umstände günstig sind, denn wenn Sie versäumen zu handeln, geraten Sie in eine unglückliche Position. Sie sollten sich jedoch Zeit lassen, denn Weitergehen ist nicht dasselbe wie Flüchten. Lassen Sie sich Zeit, um Pläne zu schmieden und Informationen einzuholen, und brechen Sie erst auf, wenn der richtige Zeitpunkt gekommen ist.

Manchmal muß man erst mehrere Dinge ändern, bevor sich das endgültige Ziel abzeichnet. Es besteht die Gefahr, daß Sie während der Planung Ihren Schwung verlieren und den geeigneten Augenblick verpassen, aber das wäre schade. Konzentrieren Sie sich auf Ihr Ziel.

Pfad 4.5/1

Ein gutes Pferd gibt sein Bestes.

Ein gutes Vorzeichen. Setzen Sie Ihre ganze Stärke ein, dann haben Sie Erfolg. Wenn Sie anderen helfen, helfen Sie sich damit selbst. Reisen ist von Vorteil. Wenn Sie diese Chance verpassen, werden Sie es bereuen.

Zeit: Ändern Sie etwas, seien Sie wagemutig, durch Initiative läßt sich vieles gewinnen. Nutzen Sie diese günstige Zeit voll aus, sonst trifft Sie später ein Mißgeschick.

Pfad 4.5/2

Mit der Flut segeln.
Nehmen Sie sich, was Sie am dringendsten benötigen.
Dann brauchen Sie es nicht zu bereuen.

Nur das zu nehmen, was man braucht, heißt oft, schwierige Entscheidungen zu treffen in bezug auf Prioritäten. Was ist Ihnen am wichtigsten? Sobald Ihnen das klar geworden ist, läuft auch alles andere reibungslos.

Zeit: Suchen Sie nach Gelegenheiten, um zu reisen oder neue Projekte zu beginnen. Folgen Sie lieber Ihrem Herzen als weltlicher Weisheit.

Pfad 4.5/3

Lichten Sie den Anker und segeln Sie los.
Handeln beseitigt Zweifel.

Nutzen Sie die Chance, denn es ist nicht gut, zu lange über Entscheidungen zu brüten. Bestimmen Sie die Richtung und machen Sie sich auf den Weg.
Zeit: Bleiben Sie in Bewegung, auch wenn Sie auf der Stelle treten. Durch entschlossenes Handeln klären sich viele Ungewißheiten. Das Glück winkt Ihnen, wenn Sie Ihre gewohnten Grenzen überschreiten.

Pfad 4.5/4

Sie entfernen sich von Ihrer Gruppe.
Sorgfältige Planung bringt Glück.
Investitionen zum jetzigen Zeitpunkt bringen Ihnen später Einkünfte.

Dies ist ein guter Pfad, aber Sie müssen sorgfältig planen, um tatsächlich davon zu profitieren. Geschäftlich wird Ihnen ein anderer Lieferant ein besseres Angebot machen.
Zeit: Ein Neubeginn oder ein aufregendes Projekt wird gelingen, sofern es gut durchdacht wurde.

1

Herausforderung

2

Entwicklung

5

Unglück

6

Intensität

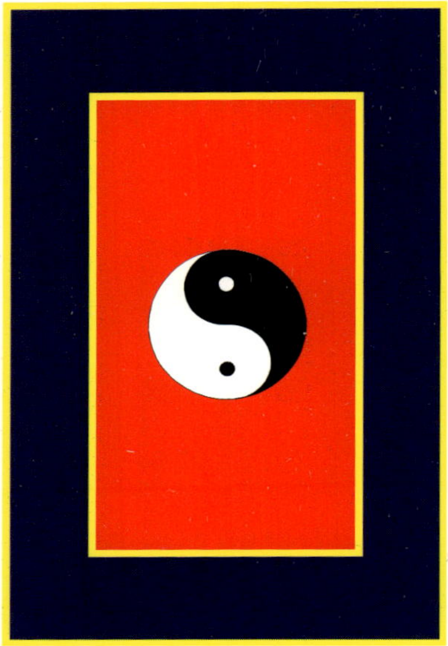
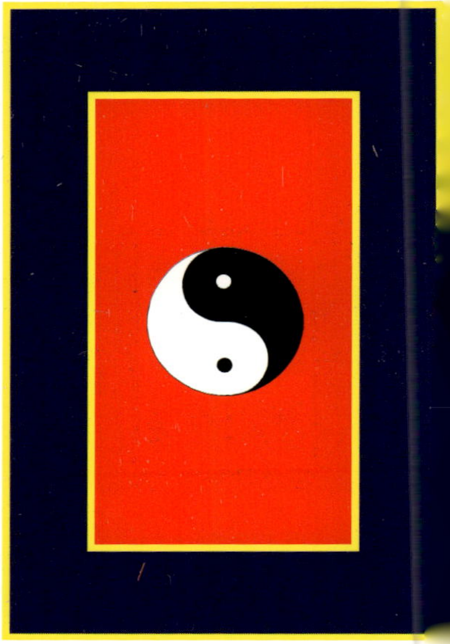
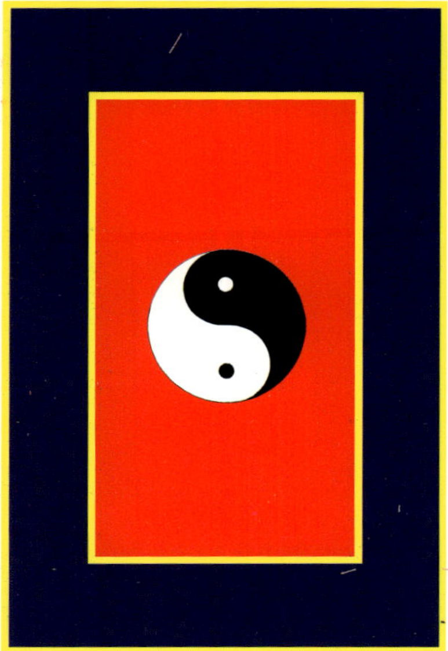
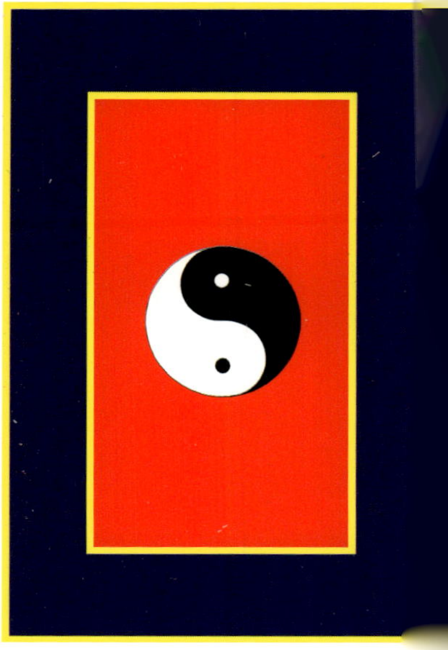

3

Erwachen

4

Gute Jagd

7

Feste Absicht

8

Flucht

Beunruhigt und schwitzend.
Ein Freudenschrei beim Abschied.
Segeln Sie fort!
Leben Sie ohne Reue wie ein König.

Die Sache könnte ein paar Haken haben, bevor Sie auf den richtigen Weg kommen, aber wenn Sie erst einmal dort sind, hat es sich gelohnt.
Zeit: Nutzen Sie die Gelegenheiten, die das Schicksal bietet. Eine gute Zeit, um zu verreisen oder mehr herumzukommen.

Pfad 4.5/6

Die Blutsbande lösen.
Das Wasser überqueren.
Weit entfernt zu sein bringt Glück.

Dies ist ein großartiger Pfad für Reisen oder eigentlich jedes Vorhaben. »Blutsbande« klingt erschreckend, aber ich bin ziemlich sicher, daß es etwas damit zu tun hat, emotionalen Ballast hinter sich zu lassen.
Zeit: Gut für Reisen oder einen Neubeginn. Das meiste klappt.

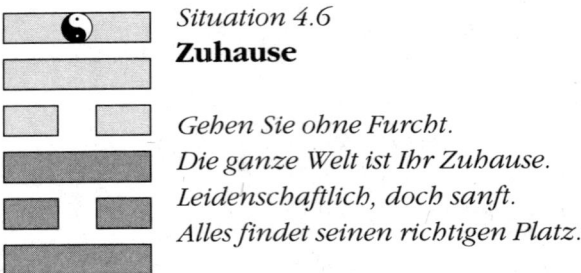

Situation 4.6
Zuhause

Gehen Sie ohne Furcht.
Die ganze Welt ist Ihr Zuhause.
Leidenschaftlich, doch sanft.
Alles findet seinen richtigen Platz.

Intensität im Haus der Guten Jagd (Geschicklichkeit). Dies ist eine perfekte Kombination. Das Begehren weiß, was es will, und die Gute Jagd weiß, wie man es beschaffen kann. Diese Übereinstimmung der Interessen ist von Dauer, weil in dieser Beziehung eine echte Verbundenheit herrscht.

In dieser äußerst günstigen Situation findet alles seinen richtigen Platz, und alle Auseinandersetzungen erledigen sich von selbst. Es gibt Gelegenheiten zu spirituellem, persönlichem und beruflichem Weiterkommen. Der Begriff »Zuhause« ist hier sehr weit gefaßt und drückt eher das Gefühl aus, dazuzugehören und das Richtige zum richtigen Zeitpunkt zu tun. Damit könnten Dinge gemeint sein, mit denen Sie sich seit Jahren beschäftigen, oder aber etwas völlig Neues. Manchmal lernt man Menschen kennen und hat das Gefühl, sie schon jahrelang zu kennen. Dasselbe gilt für Orte, und genau dieses innere Gefühl der Verbundenheit gibt Ihnen die Stärke, sich selbst und Ihrer Umgebung zu Glück zu verhelfen. Wenn Ihr »Zuhause« da ist, wo Sie schon immer waren, sollten Sie dort bleiben, aber wenn Ihr Herz woanders ist, sollten Sie nun dorthin gehen. Nur Sie wissen, wo Ihr wahres Zuhause liegt. Sie befinden sich auf dem richtigen Weg.

Pfad 4.6/1

So sicher wie ein Säugling.
Wohin Sie auch gehen, man wird sich
um Sie kümmern.

Das ist ein guter Pfad für alle Ihre Vorhaben.
Zeit: Vielversprechend. Machen Sie das Beste aus dieser
glücklichen Zeit, und schaffen Sie für Ihr Leben eine bessere
Grundlage. Alles, wofür Sie sich ernsthaft einsetzen, wird gelingen.

Pfad 4.6/2

Wie eines Adligen Kind.
Geführt und unterstützt.
An jedem Ort zu Hause.

Eine Gelegenheit, die Sie nicht versäumen sollten. Sind Sie
erst einmal auf diesem Pfad, können Sie sich treiben lassen.
Alles wird bestens gelingen.
Zeit: Für die meisten Dinge eine sehr gute Zeit: Machen Sie
das Beste daraus.

Pfad 4.6/3

Hängen Sie nicht herum und kichern wie ein Kind.
Lernen Sie zuerst Disziplin und entspannen Sie dann.
Bei einem Streit machen Sie sich lächerlich, wenn Sie das
Unvertretbare verteidigen.
Seien Sie aktiv und dann hilfreich, alles wird gut.

Dies ist im Grunde ein milder Tadel. In günstigen Situationen
ist man versucht, die Dinge leicht zu nehmen. Gerne schleicht
sich dann die Einstellung »Alles ist in Ordnung, warum sollte
ich mich groß anstrengen« ein. Wenn Sie das zulassen, unter-
gräbt dies natürlich Ihr momentanes Glück.
Zeit: Sorgen Sie dafür, daß Sie diese Zeit voll ausnutzen. Arbeiten Sie hart und machen Sie sich nützlich.

Pfad 4.6/4

Wer der Familie gut dient, wird der Schatz des Hauses
und muß sicher aufbewahrt werden.

Ein guter Pfad, dem Sie vertrauensvoll folgen können. Wenn
Sie beständig sind, hart arbeiten und freundlich sind, wird
man Sie immer respektieren. Es bringt Glück, Ihren Stolz zu
überwinden und zu tun, was andere wünschen. Alles läuft
prima, auch die Geschäfte.
Zeit: Der wahre Schatz des Hauses ist die Bereitschaft, un-
eigennützig für das gemeinsame Wohl zu arbeiten. Friedvoll.
Mit Ihrer Arbeit werden Sie Lob ernten. Genießen Sie die
Gesellschaft neuer und alter Freunde. Für Arbeit und Studien

stehen die Dinge gut. Behalten Sie Ihre Absichten fürs erste für sich.

Pfad 4.6/5

Ein gütiger Monarch herrscht liebevoll.
Er ist ein gutes Beispiel.
Ein wenig Stabilität ist nötig.

Sehr günstig für Vorhaben jeglicher Art, machen Sie vertrauensvoll weiter. Mit gutem Beispiel voranzugehen ist besser, als daß Menschen Angst vor Ihnen haben. Sie haben in Ihrer Gruppe eine wichtige Funktion. Üben Sie Ihre Macht milde aus. Alles funktioniert gut.
Zeit: Sehr gut. Besuchen Sie Freunde und Familie. Erfolg bei Geschäften und im Studium. Arbeiten Sie hart, um den größtmöglichen Gewinn daraus zu ziehen.

Pfad 4.6/6

Der Clan erweitert sein Territorium.
Wenn Sie das tun, was Sie gut können,
verdienen Sie Respekt.
Der Erfolg wird sich bei Ihnen einstellen.

Sie haben jetzt die Kraft, ein ehrgeiziges Projekt anzupacken – machen Sie vertrauensvoll weiter.
Zeit: Sehr positiv. Genießen Sie die Gesellschaft von Freunden und Verwandten. Ein großes Werk kann vollendet werden. Sehr gut, um etwas für Ihre Zukunft zu tun.

Enttäuschung

Eine Wildgans, die allein durch die
Wildnis fliegt,
kann sich auf niemanden verlassen.
Nicht, wie Sie es erhofften.
Der Pfad ist oft versperrt.
Geringe Gefahr, aber viele Enttäuschungen.
Die Sache muß wichtig sein, um dies zu rechtfertigen.

Feste Absicht im Haus der Guten Jagd. Obwohl sie freundlich sind, gibt es wenig, was diese beiden zusammenhält. Die Gute Jagd folgt der Brise, und die Feste Absicht verharrt still wie ein Berg.

Wenn Sie keine hohen Erwartungen hegen, erleben Sie auch keine Enttäuschung. Eine Gans ist ein Herdentier, und wenn sie alleine fliegt, heißt das, daß sie ihre Kameraden verloren hat. Diese Situation sucht man sich nicht freiwillig aus, aber wenn Sie Ihre Augen offenhalten, besteht keine wirkliche Gefahr. Es läuft nur nicht alles so, wie Sie es gern hätten, und Sie haben am Ende das Gefühl, Potential verloren zu haben.

Sie können zwar überleben und sogar Ihre Position verbessern, aber es wird schwierig sein. Sie werden traurig darüber sein, daß alles so schwierig sein muß.

Die Wildgans verläßt den See.
Eine junge sucht ein Auskommen.
Besser allein gehen als mit denen, die ihnen Schaden
zufügen.

Sie haben die richtige Einstellung und die Fähigkeiten, stehen aber in einer ziemlich negativen Welt alleine da. Die Menschen akzeptieren Sie nur widerwillig und verschwören sich möglicherweise gegen Sie. Am besten verlassen Sie sich auf niemanden und kümmern sich nur um Ihre eigenen Interessen. Auf diesem Pfad gibt es unter Umständen wenig Gewinne und viele Verluste. Eine Anschaffung erweist sich als Reinfall.

Zeit: Eine schwierige Zeit. Die Dinge, mit denen Sie sich beschäftigen, werden wahrscheinlich scheitern oder schlecht laufen. Aber mit einem Studium und Dingen, für die allein Sie verantwortlich sind, haben Sie Erfolg. Vielleicht sollten Sie sich lieber eine Zeitlang zurückziehen und inzwischen einen Richtungswechsel in Betracht ziehen. Wenn Sie aber unbedingt weitermachen wollen, dann seien Sie ganz vorsichtig. Vielleicht klappt die Sache dann. Bei einer Auseinandersetzung werden Sie den kürzeren ziehen.

Pfad 4.7/2

Die Wildgans erreicht das Festland.
Sie findet Nahrung für eine lange Reise.
Sie ruft nach ihren Kameraden.
Sie bekommt keine Antwort.

Sie haben etwas Gutes, aber niemanden, mit dem Sie es teilen können. Sie müssen alleine weitermachen. Eine Anschaffung erweist sich als Reinfall.
Zeit: Sie haben genug, sind aber einsam. Verlassen Sie sich auf sich selbst und bauen Sie sich etwas für die Zukunft auf.

Pfad 4.7/3

Die Wildgans erreicht die Wüste.
Ein Mann geht auf die Jagd, kehrt aber nicht zurück.
Eine schwangere Frau bekommt kein Kind.
Seien Sie zur Selbstverteidigung bereit.

Dies ist ein ganz fürchterlicher Pfad. Ob Sie aktiv oder passiv sind, Sie können nichts zuwege bringen. Das bißchen, was Sie haben, ist bedroht, und Sie müssen darum kämpfen.
Zeit: Sehr schlechte Zeiten. Heben Sie sich Ihre Energien auf, Sie werden mit vielen Gefahren konfrontiert werden. Es wird äußerst schwierig sein, überhaupt irgend etwas zu erreichen. Hüten Sie sich vor Dieben und Verleumdern.

170

Pfad 4.7/4

Die Wildgans ist in Gefahr.
Auf den Bäumen ist sie sicher, sofern es dort einen flachen
Ast gibt.

Bei einem Unwetter ist jeder Hafen recht. In einer gefährlichen Situation müssen Sie manchmal etwas tun, was Ihrem Wesen widerspricht (Gänse sitzen nicht auf Bäumen). Alles, was Sie tun, wird ein Reinfall sein.
Zeit: Unangenehm und möglicherweise gefährlich; Sie werden Dinge tun müssen, die Sie nicht mögen.

Pfad 4.7/5

Man findet Hilfe, ein guter Anfang,
dann eine Enttäuschung.
Eine Frau bekommt drei Jahre lang keine Kinder.
Dann bekommt sie viele.

Dies ist ein Pfad mit Hindernissen. Sie möchten etwas tun, finden Unterstützung und werden dann im Stich gelassen. Das geht eine Weile so weiter, aber am Ende könnte etwas Gutes dabei herauskommen. Nehmen Sie die Hilfe an, die Sie bekommen können, ohne viel zu erwarten.
Zeit: Sie etablieren gerade Ihren Lebensstil, Sie werden viele Probleme haben, aber solange Sie sich selbst treu bleiben, werden Sie am Ende Erfolg haben. Es gibt möglicherweise Trauer und Verluste.

171

Abgelehnt und enttäuscht.
Die Wildgans fliegt in die Wolken hinein.
Ihre Federn könnte man beim Heiligen Tanz verwenden.
Dumme wissen das nicht.
Jahre später stellt sich das Glück ein.

Setzen Sie Ihre Arbeit alleine fort. Die Welt wird Ihren Wert eine Zeitlang nicht anerkennen. Wenden Sie sich Ihrer spirituellen Entwicklung zu, oder machen Sie Urlaub. Es gibt keine Gefahren, wohl aber Verzögerungen.

Zeit: Schwierigkeiten, die Sie überwunden zu haben glaubten, tauchen wieder auf und machen Ihnen das Leben schwer. Sie können Ihre Position nur langsam verbessern. In spiritueller Hinsicht gut. Eine Pilgerfahrt könnte hilfreich sein.

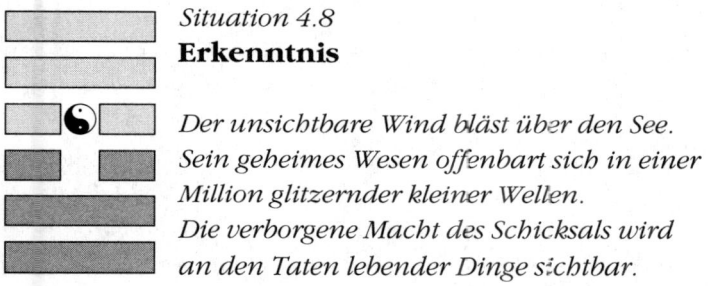

Situation 4.8
Erkenntnis

Der unsichtbare Wind bläst über den See.
Sein geheimes Wesen offenbart sich in einer
Million glitzernder kleiner Wellen.
Die verborgene Macht des Schicksals wird
an den Taten lebender Dinge sichtbar.
Selbst Schweine und Fische achten auf seinen Ruf.
Glück.

Flucht im Haus der Guten Jagd. Zwischen diesen beiden Archetypen existiert eine tiefe Verbundenheit.

Weshalb lieben Menschen einander? Warum wollen sie an einem bestimmten Ort leben oder eine bestimmte Laufbahn einschlagen? Diese Fragen werden von unserer inneren Natur gelenkt. Wenn Ihre Taten Ihr inneres Selbst reflektieren, besitzen Sie große Macht. In dieser Situation wird der Schleier ein wenig gelüftet, und man kann einen flüchtigen Blick auf die Wahrheit werfen. Wenn Ihr Leben nicht Ihrem inneren Selbst entspricht, müssen Sie es ändern, wenn es ihm aber entspricht, müssen Sie es fördern.

Ergründen Sie sich und die Menschen in Ihrer Umgebung genau, dann werden Ihnen diese Wahrheiten vielleicht klarer. Machen Sie sich nichts daraus, wenn Sie den Eindruck haben, dies ließe sich nur bedingt auf Ihr Leben übertragen. Es geht darum, etwas geschehen zu lassen, anstatt Gewalt anzuwenden. Wenn Sie die Dinge sich allein und in ihrem eigenen Tempo entwickeln lassen, dann sind die inneren Kräfte am Werk – ob Ihnen das bewußt ist oder nicht.

Dies ist eine sehr spirituelle Situation. Der Rat lautet: Lassen Sie die Macht des Geistes für Sie und durch Sie wirken. Wenn dies geschieht, ist die Gefahr überwunden und Sie werden belohnt.

Damit Sie diese Situation verstehen, sind Liebesgeschichten und Abenteuer lebensnotwendig, denn die Liebe ist die größte Antriebskraft des Menschen. Wenn eine Liebesbeziehung zu spirituellem Wachstum genutzt wird, dann ist buchstäblich alles möglich.

Dies ist eine der Situationen, in denen das I Ging direkt zu Ihnen spricht und Ihnen seine Einstellung erklärt. Das Wesen des I Ging wird mit dem Kommentar des zweiten Pfades zu Beginn dieses Buchs mit wenigen Worten dargestellt.

Pfad 4.8/1

Machen Sie sich auf das Unerwartete gefaßt.
Geheime Pläne sind wenig hilfreich.

Halten Sie die Augen offen, aber machen Sie keine Pläne, es gibt Dinge, von denen Sie nichts wissen. Seien Sie offen, aber reserviert: geheime Absprachen und Pläne sollten Sie vermeiden. Wenn Sie aufpassen und vorsichtig sind, ist Erfolg möglich.

Zeit: Denken Sie über den Sinn Ihres Lebens nach. Bei was sind Sie mit ganzem Herzen dabei? Wenn es sich um Ihre derzeitige Tätigkeit handelt, dann bleiben Sie dabei, wenn nicht, wird es Zeit, daß Sie zu Ihrem wahren Wesen zurückfinden.

Pfad 4.8/2

Sanfte Anziehung.
Ein Kranich ruft zärtlich seine Jungen.
Kommt, ich werde euch mit meinem Schatten behüten.
Köstlicher Wein in einem goldenen Becher.
Hören Sie auf den Ruf, daß wir ihn uns teilen können.

Es ruft eine geheimnisvolle Anziehung. Seien Sie ganz still, dann wird Ihnen eine leise Stimme sagen, was Sie tun sollen. Machen Sie keine Pläne, alles muß von allein geschehen. Ein eifriger Schüler wird zu gegebener Zeit reich belohnt werden. Sinnvolle Erfahrungen sind beispielsweise eine Pause oder ein Urlaub. Die Liebe geht sehr tief.

Zeit: Für die, die an das glauben, was sie tun: Machen Sie weiter, dann finden Sie einen Weg, um alle Hindernisse zu überwinden. Für die, die nicht daran glauben: Jetzt können Sie noch damit aufhören, bevor es zu spät ist. Es genügt nicht, nur materiellen Belohnungen nachzujagen, denn wenn Ihr Herz nicht dabei ist, gibt es keinen dauerhaften Erfolg. Es könnte durchaus eine neue Liebesbeziehung geben.

Pfad 4.8/3 ☺

Ungleiche Anziehung.
Freunde trommeln und singen,
hören dann auf und schluchzen.

Die Beurteilung dieses Pfades ist sehr schwierig. Es besteht eine starke Affinität zwischen Ihnen und dem betreffenden Objekt. Die Sache steht jedoch auf wackligen Füßen und bereitet Ihnen sowohl Kummer (Schluchzen) als auch Freude (Singen und Trommeln). Dieser Pfad wird oft mit einer romantischen Liebe in Verbindung gebracht, in der es trotz tiefer Gefühle Höhen und Tiefen geben wird.

Zeit: Mal sieht alles gut aus, dann gibt es wieder Schwierigkeiten. Sie müssen diese Zeit durchstehen, so gut es geht. Halten Sie sich still und möglichst aus Gefahren heraus. Studien entwickeln sich sehr gut.

Das Abenteuer ruft.
Ein gutes Pferd flieht aus dem Stall.
Seien Sie wie der fast volle Mond.
Dann wird all Ihr Jagen belohnt werden.

Wenn Sie die Chance haben, entfliehen Sie dem Stumpfsinn und machen Sie etwas Aufregendes, tun Sie es jetzt. Sie können große Risiken eingehen, weil Ihnen die geheimnisvolle Macht hilft. Der Mond ist am stärksten, wenn er fast voll ist, denn Fülle ist der Anfang des Niedergangs. Junge Menschen sind flexibel und stark. Um jugendlich zu bleiben, müssen Sie dem Alltagstrott entfliehen und sich überlegen, wie Sie Ihre Zeit phantasievoller nutzen können.
Zeit: Seien Sie ehrlich mit sich, dann können Sie sich an alles wagen.

Innere Anziehung.
Die verborgene Wahrheit wird bekannt.
Die unsichtbaren Bande werden sichtbar.

Man findet die Ursache eines Problems und kann Schritte hin zu seiner Lösung unternehmen. Alles, was der Spiritualität oder der Erbauung dient, funktioniert sehr gut. Gut, um Leute zu besuchen und Orte zu besichtigen, weniger gut für Profite, aber man kann Kontakte knüpfen. Ein eifriger Schüler wird einen echten Beitrag zur Weisheit der Menschen leisten. Eine

Pause oder Urlaub ist eine sinnvolle Erfahrung. Die Liebe geht sehr tief.

Zeit: Der Sinn Ihres Lebens wird klarer. Es gibt vielleicht traurige Momente, aber am Ende wird die Wahrheit Sie auf einen besseren Weg führen. Wenn Sie spüren, daß Sie auf dem richtigen Pfad sind, sollten Sie energisch weitergehen, andernfalls haben Sie jetzt die Möglichkeit, mit der Vergangenheit zu brechen und neue Wege zu gehen. Jetzt ist eine gute Zeit, um menschliche Beziehungen zu intensivieren und energisch zu lernen.

Pfad 4.8/6 ☹

Der Schrei eines Hahns kann nicht
bis in den Himmel dringen.
Wer hoch fliegt, wird zu Fall kommen.

Es besteht die Gefahr, daß Ungeduld Sie in die Irre führt. Pfad sechs bedeutet oft, daß Dinge ordentlich zu Ende geführt werden müssen.

Zeit: Eine Zeit der Ruhelosigkeit. Sie erleben vielleicht blitzartige Einsichten und sind versucht, unbesonnen zu handeln, aber noch ist die Zeit für kühnes Auftreten nicht gekommen. Erledigen Sie Ihre üblichen Aufgaben und kümmern Sie sich um Ihre Familie. Jetzt ist ein guter Zeitpunkt, um zwischenmenschliche Beziehungen zu intensivieren und energisch zu lernen.

5.

Das Haus des Unglücks

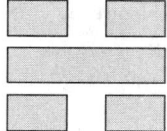

Der Weg zum Erfolg
führt durch das Tal des Unglücks.
Dummköpfe, die Schnitzer machen,
werden leiden.
Wählen Sie in Gefahr den Weg
des geringsten Widerstandes.
Es gibt keine Schlucht, aus der das Wasser
nicht entkommen könnte.

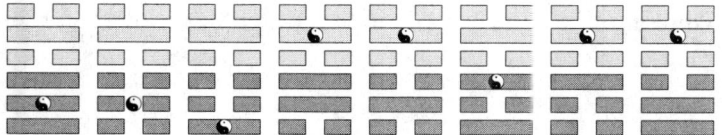

Im Haus des Unglücks ist das Leben etwas beschwerlicher als in den anderen Häusern. Das heißt nicht, daß ein Unglück unvermeidbar oder Erfolg unerreichbar ist, sondern nur, daß man die Sache respektvoll angehen muß. Dieses Haus ist kein Ort für Dumme, denn deren Schwächen werden erbarmungslos bloßgestellt.

Wichtig ist, sich daran zu erinnern, daß jedes Lebewesen von Zeit zu Zeit das Tal des Unglücks durchqueren muß. Manche schaffen es nicht, und das macht es für die übrigen leichter. Wer lernt, sinnvoll mit Unglück umzugehen, besitzt im Lebenskampf einen großen Vorteil.

Dieses Haus bezieht sich auf Wasser und seine Gefahren. Wasser fließt leicht davon, Verluste sind also möglich, das ist ungünstig für Geschäfte. Wasser ist unvorhersagbar: Mal fließt es ruhig, dann wieder reißend dahin; machen Sie sich also auf Stürme gefaßt.

Das Positive an Wasser ist, daß es schnell entkommen kann. Tun Sie es ihm daher gleich und wählen Sie immer den Weg des geringsten Widerstandes. Wasser ist außerdem sehr geduldig: Langsam füllt es eine Grube auf, bis es davonfließen kann. Den Aufenthalt in diesem Haus kann man mit einer Fahrt in einem schlecht gebauten Boot auf stürmischem Wasser vergleichen. Die Kraft der Elemente kann Sie jeden Augenblick vernichten, doch wenn Sie Respekt vor den Risiken haben und sie kennen, können Sie die Reise erfolgreich zu Ende führen. Das Haus des Unglücks ist besonders gut für Schüler und Studenten, sowie für aufrichtige und tiefgründige Menschen.

Bereiten Sie sich vor

Am Sandstrand warten.
Nahrung, Getränke und Zeit sind vorhanden.
Stärken Sie sich.
Wenn das Boot bereit ist, überqueren Sie das
große Wasser.

Herausforderung im Haus des Unglücks. Die Herausforderung besitzt sehr viel Geduld und Entschlossenheit, sie kann allen Fallstricken der Gefahr entkommen.

Dies ist keine ideale Situation, aber davon sollten Sie sich nicht entmutigen lassen. Das Bild zeigt jemanden, der am Wasser wartet, um es zu überqueren. Vor der Überquerung sind noch Arbeiten am Boot erforderlich. Diese Verzögerung kann man zu seinem Vorteil nutzen, um fit zu werden und entspannt zu sein, bevor man in See sticht. Es gibt zwei Gefahren hier: die erste ist, daß man faul wird und wichtige Arbeiten vernachlässigt. Die zweite erwächst aus ungeduldiger, oberflächlicher Hast. Diese beiden Einstellungen führen zum Scheitern.

Richtig ist bedachtes, konsequentes Vorgehen, bei dem man jedes Problem wohlüberlegt und gründlich angeht. Derart vorbereitet kann man Großes erreichen.

Studium und Training sind in dieser Situation besonders begünstigt. Es ist schwer, zu Geld zu kommen die Geschäfte laufen schleppend, vermeiden Sie jegliche Investitionen. Ein Schüler, der sich eifrig an die Arbeit macht, wird große Erfolge einheimsen.

Pfad 5.1/1

In einer Wiese aufgehalten.
Viel Zeit zum Vorbereiten.

In einer Wiese zu warten bedeutet, daß Sie noch nicht einmal das Wasser erreicht haben. Verschieben Sie Ihre Pläne oder lassen Sie sie fallen. Die Sache sieht nicht besonders schlecht aus, aber Zeiten der Untätigkeit können zu Ungeduld führen. Konzentrieren Sie sich auf Ihr Ziel und nutzen Sie die Zeit

Zeit: Auf Veränderungen zu warten ist immer schwierig. Am besten nehmen Sie das Leben leicht, arbeiten ruhig und genießen die einfachen Freuden des Lebens. Es kommen auch wieder bessere Zeiten.

Pfad 5.1/2

An einem unbequemen Flußufer.
Murren.
Bleiben Sie am Ball, alles wird gut.

Sie sind in einer unbequemen Position, aber wenn Sie versuchen, etwas daran zu ändern, wird alles nur schlimmer. Sie müssen im Moment einfach an Ihre Arbeit gehen und alles daransetzen, um Ihre Träume später Wirklichkeit werden zu lassen.

Zeit: Eine lästige Zeit, machen Sie einfach das Beste daraus, es kommen auch wieder bessere Zeiten. Wenn Sie nicht aufpassen, leiden Gesundheit und Geschäfte darunter.

Pfad 5.1/3

Im Schlamm festsitzen.
Zu schnell zu weit.
Mut und Entschlossenheit.

Für Vorbereitungen ist diese Situation schlecht geeignet. Dieser Pfad bedeutet häufig, daß Sie voreilig etwas angefangen haben und jetzt festsitzen. Es besteht die große Gefahr, daß Sie in Ihrer Ungeduld eine Dummheit begehen. Bleiben Sie bei der Stange, dann lassen sich Ihre Schwierigkeiten lösen. *Zeit:* Lästige, schwierige Zeiten. Das einzige, was Sie tun können, ist konsequent und ruhig weiterzuarbeiten, bis Sie die Schwierigkeiten überwunden haben.

Pfad 5.1/4

Mit dem Kopf unter Wasser.
Die Lage ist sehr unangenehm.
Machen Sie mit großer Vorsicht weiter.
Die Lage bessert sich allmählich.

Diesen Pfad sollten Sie nicht wählen Er bezieht sich oft auf etwas, das schlecht begonnen hat, und es ist schwierig zu entscheiden, ob man weitermachen soll. »Mit dem Kopf unter Wasser« bedeutet, daß Ihnen die Dinge über den Kopf wachsen. Es besteht die Gefahr, daß Panik Sie wirklich in Schwierigkeiten bringt. Tun Sie Ihr Möglichstes, um das Unbehagen zu lindern, andernfalls machen Sie gute Miene zum bösen Spiel. Am Ende läuft alles gut.

Zeit: Dies ist eine unglückliche Zeit, es läßt sich schwer sagen, ob man weitermachen oder aufgeben soll. Sie müssen geschickt manövrieren, um sich aus Ihren Unannehmlichkeiten zu befreien.

Pfad 5.1/5 ☺

Vorbereitungen in angenehmen Umständen.
Essen, trinken Sie und entspannen Sie sich.

Dies ist der beste Pfad, denn hier können Sie die Sache von einer behaglichen Warte aus beobachten. Ruhen Sie sich aus und lassen Sie die Zeit für sich arbeiten.

Zeit: Eine angenehme Zeit, sofern Sie nicht die Geduld verlieren. Nehmen Sie's leicht und genießen Sie die einfachen Freuden des Lebens.

Pfad 5.1/6 ☹

In einer Höhle warten.
Drei Personen treffen ein.
Sie werden Ihnen den Weg zeigen.

In einer Höhle zu warten hat den Nachteil, daß Sie nicht sehen können, was draußen vorgeht. Die Ankunft dreier Personen bedeutet, daß Sie ein Zeichen erhalten werden, wenn es Zeit ist aufzubrechen.

Zeit: Lästige und schwierige Zeiten. Dies bezieht sich oft darauf, daß Sie sich in eingefahrenen Gleisen bewegen. Zu gegebener Zeit werden Sie ein Zeichen erhalten.

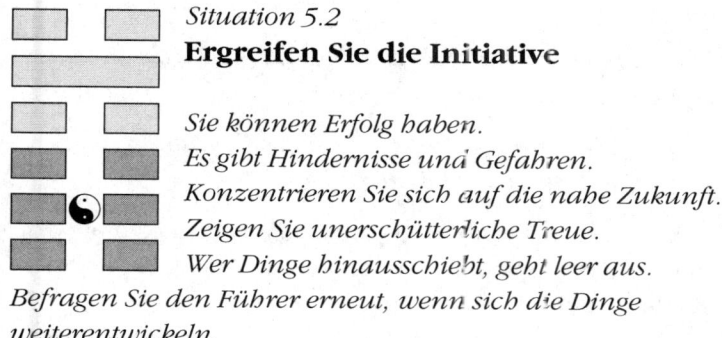

Situation 5.2
Ergreifen Sie die Initiative

Sie können Erfolg haben.
Es gibt Hindernisse und Gefahren.
Konzentrieren Sie sich auf die nahe Zukunft.
Zeigen Sie unerschütterliche Treue.
Wer Dinge hinausschiebt, geht leer aus.
Befragen Sie den Führer erneut, wenn sich die Dinge weiterentwickeln.

Entwicklung im Haus des Unglücks hört sich nicht besonders gut an, aber in der Praxis kommen diese beiden gut miteinander aus und bilden ein leistungsstarkes Team.

Hier wird etwas Schwieriges oder Gefährliches sicher zu Ende gebracht. Dabei gibt es etwas zu gewinnen, und Sie sollten schnell handeln. Teamwork wird erfolgreich sein, selbst wenn es Spannungen gibt. Isolieren Sie sich nicht selbst, indem Sie auf andere negativ oder säumig wirken.

Pfad 5.2/1 ☺ ☺

Eine Schüssel mit gutem Essen.
Haben Sie Vertrauen und ergreifen Sie die Initiative.
Die Gefahr liegt hinter Ihnen.

Sie können nicht nur der Gefahr entkommen, es gibt sogar unerwartete Gewinne. Scheuen Sie sich nicht zu nehmen, was Ihnen über den Weg läuft.
Zeit: Sehr positiv. Wenn Sie sich in Unannehmlichkeiten befinden, können Sie sich daraus befreien. Seien Sie wagemutig, das Schicksal meint es gut mit Ihnen.

Pfad 5.2/2 ☺ ☺

Ergreifen Sie die Initiative.
Bewahren Sie Ihr inneres Gleichgewicht.
Ein Ruf wird beantwortet.

Für fast alles ein guter Pfad. Auf ihm entkommen Sie der Gefahr durch resolutes Handeln. Wägen Sie die Risiken ab und handeln Sie.
Zeit: Eine gute Zeit, um mit alten Problemen aufzuräumen und sich neuen Herausforderungen zu stellen.

Pfad 5.2/3

Selbst schwierige Menschen sind offen gegenüber
der Vernunft.
Es droht Gefahr.
Sie können Erfolg haben.

Erfolg trotz Problemen. Ein gefährliches Unternehmen kann
in Angriff genommen werden. Handeln Sie unbeirrt, aber vorsichtig.
Zeit: Im allgemeinen gut. Einige Erschütterungen und Ärger
mit anderen Leuten. Wenn Sie Ihr Tun wohl überlegen, brauchen Sie sich keine Sorgen zu machen.

Pfad 5.2/4

Wenn der Zeitpunkt stimmt.
Ergreifen Sie die Initiative.
Blicken Sie nach draußen.

Bei vierten Pfaden gibt es oft Verzögerungen. Machen Sie sich
also keine Sorgen, wenn etwas nicht planmäßig eintritt. Dies
ist im Grunde ein guter Pfad, dem Sie vertrauensvoll folgen
sollten.
Zeit: Handeln Sie mutig und überlegen Sie, wie Sie Ihr Leben
verbessern könnten. Sie können geschäftlich und im Studium
weiterkommen und sogar Zeit mit Ihren Freunden genießen.

Die Jagd ist bald zu Ende.
Nehmen Sie den Preis entgegen, den Sie gewonnen haben.
Begegnen Sie Gefahren mit Respekt.

Selbst gefährliche Dinge sind möglich, wenn Sie vorsichtg
sind. Es gibt Rückschläge, aber der Erfolg schmeckt süß. Dieser Pfad ist manchmal der letzte Abschnitt einer Phase.
Zeit: Die Zeiten mögen hart erscheinen, aber eine Reihe von
Risiken, die bewußt eingegangen werden, machen sich bezahlt. Sich etwas am Riemen zu reißen ist günstig.

Pfad 5.2/6

Die Schwierigkeiten häufen sich.
Den Kopf verlieren.
Verständlich, aber so verhält man sich nicht.

Hier herrscht eine starke Versuchung, den Pfad zu verlassen
und eine Dummheit zu begehen. Diesen Pfad sollten Sie meiden. Wenn Sie etwas vorhaben, geben Sie es auf, Sie müssen
sich um andere Pflichten kümmern. Wenn Sie weitermachen,
werden Sie bereits Erreichtes zunichte machen.
Zeit: Auch wenn Ihr Glaube hart geprüft wird, sollten Sie bestehende Pläne weiterverfolgen. Meistens erhalten Sie diesen
Pfad als Antwort, wenn Sie gerade etwas aufgeben wollen,
weil es Ihnen mit zuviel Ärger verbunden scheint, aber dies
wird sich als schwerwiegender Fehler erweisen, also tun Sie
es nicht.

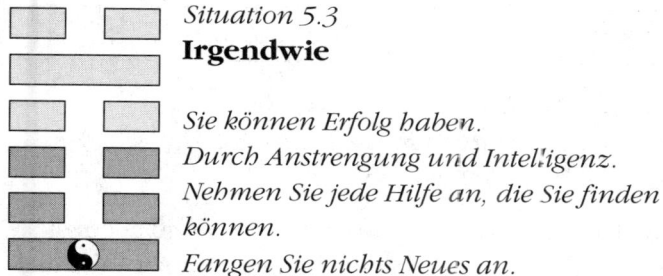

Situation 5.3
Irgendwie

Sie können Erfolg haben.
Durch Anstrengung und Intelligenz.
Nehmen Sie jede Hilfe an, die Sie finden können.
Fangen Sie nichts Neues an.

Erwachen (Donner) im Haus des Unglücks (Regen). Ein stürmischer Ritt im Regen, diese beiden geraten in alle möglichen Schwierigkeiten.

Diese Situation sucht man sich nicht freiwillig aus. Die Umstände sind schwierig und die Erfolgschancen ungewiß. Irgendeine Art von Umschwung ist nötig. Es kommen Probleme auf Sie zu, Sie brauchen Durchsetzungsvermögen und Initiative, aber am wichtigsten ist Ihre Flexibilität. Bekommen Sie ein Gefühl für die Situation und setzen Sie Ihre Intuition ein. Wenn Sie entschieden haben, was zu tun ist, überlegen Sie sich, wie Sie dies am einfachsten und unbedenklichsten tun können. Die Pfade sagen Ihnen, wann Sie sich mehr anstrengen und wann Sie sich zurücknehmen müssen. Konzentrieren Sie sich darauf, bestehende Hindernisse zu klären, bevor Sie etwas Neues anfangen.

Viele Schwierigkeiten behindern den Übergang.
Sehen Sie sich nach Hilfe um.
Beenden Sie, was Sie begonnen haben.

Ergreifen Sie die erforderlichen Maßnahmen und nehmen Sie jede Hilfe an, die Sie bekommen können. Haben Sie unmittelbare Probleme erst einmal überwunden, sieht das Leben schon viel besser aus.

Zeit: Es gilt, viele Probleme zu lösen. Wenn Sie sich mit Energie und Intelligenz daran machen, wird alles gut werden. Machen Sie sich keine Sorgen, wenn Sie etwas nicht so zuwege bringen können, wie Sie gern möchten. Begnügen Sie sich einfach damit, das Fundament zu legen, die Details können Sie dann später verbessern.

Pfad 5.3/2

Pferd und Wagen trennen sich.
Die Wege trennen sich vorübergehend.
Fangen Sie nach zehn Zeiteinheiten wieder an.

Das Weiterkommen wird behindert, und im Augenblick können Sie wenig dagegen tun.

Zeit: Geben Sie Ihre Vorhaben nicht auf, auch wenn Sie vielleicht eine Zeitlang nicht weiterkommen. Lenken Sie sich ein wenig ab und steigen Sie wieder ein, wenn die Lage besser aussieht.

Pfad 5.3/3

Gefährliches Land ohne Führer.
Keine Gelegenheiten, achten Sie auf Ihre Sicherheit.

Ernstliche Probleme, steigen Sie aus, solange die Umstände es erlaubt. Lassen Sie sich nicht täuschen. Wenn Sie etwas zu Ende bringen wollen, müssen Sie alle Register ziehen, um sich keinen Ärger einzuhandeln. Halten Sie Ausschau nach jeder Unterstützung, die sich bietet, und machen Sie ohne Zögern davon Gebrauch.

Zeit: Wenn etwas schiefgehen kann, dann wird es das auch tun! Vermeiden Sie, wenn möglich, etwas zu machen. Vielleicht ist es Zeit, sich zurückzuziehen, Ihrem Leben eine neue Richtung zu geben oder mehr Zeit mit Ihrer Familie zu verbringen.

Pfad 5.3/4

Pferd und Wagen trennen sich.
Suchen Sie ohne Scheu Hilfe.
Am Ende geht alles gut aus.

Das Leben wird schwierig, aber geben Sie jetzt nicht auf. Am besten regeln Sie in aller Ruhe kleinere Angelegenheiten.

Zeit: Es gibt viele Probleme, die Sie gern in Angriff nehmen würden, aber jetzt ist nicht der Zeitpunkt dafür. Räumen Sie inzwischen nebensächliche Probleme aus dem Weg.

Pfad 5.3/5

Probleme in letzter Minute.
Meistern Sie sie mit Fingerspitzengefühl.
Gefährden Sie nicht Ihre harte Arbeit.

Eine Verbesserung naht, bleiben Sie bei der Stange. Fortschritte sind sogar in schwierigen Angelegenheiten möglich, aber geben Sie acht.
Zeit: Gar nicht so schlecht, aber ein bißchen zu anstrengend, als daß es wirklich Spaß machen würde. Dinge, an denen Sie arbeiten, können Sie erfolgreich zu Ende bringen. Sie sind möglicherweise versucht, sich Ärger einzuhandeln. Bei einem Angebot trügt vielleicht der Schein. Vermeiden Sie Auseinandersetzungen.

Pfad 5.3/6

Pferd und Wagen trennen sich.
Genug der endlosen Schwierigkeiten.
Wenn Sie jetzt aufgeben, werden Sie später weinen.
Strengen Sie sich mehr an, dann wird bald
alles besser.

Dieser Pfad lenkt Sie nur unnötig ab, und Sie sollten ihm möglichst nicht folgen. Bleiben Sie bei Ihrer derzeitigen Beschäftigung, und werfen Sie nicht das Handtuch. Es mag zwar schlecht aussehen, aber im Kampf wird sich das Blatt zu Ihren Gunsten wenden, wenn Sie beharrlich bleiben. Wenn Ihnen alles zuviel wird, legen Sie eine Pause ein, aber treffen Sie keine unüberlegten Entscheidungen, solange Sie müde und deprimiert sind. Unternehmen Sie nichts Neues.

Zeit: Sie werden sich ruhelos und unzufrieden fühlen. Wenn Sie diesen Gefühlen nachgeben, verlieren Sie möglicherweise etwas, dem Sie momentan wenig Wert beimessen, aber Sie werden es bereuen, wenn es Ihnen fehlt. Durch Ungeduld und mangelnde Vorausschau versäumen Sie ein wichtiges Treffen.

Das Wasser des Lebens

Selbst wenn die Gebäude schön sind,
kann eine Stadt ohne Brunnen nicht
aufblühen.
Ein guter Brunnen liefert jedes Jahr gutes
Wasser.
Auf einen seichten Brunnen ist kein Verlaß.
Ein verschmutzter Brunnen liefert schlechtes Wasser.
Wenn das Seil reißt, kann man kein Wasser schöpfen.

Gute Jagd (Holz) im Haus des Unglücks (Wasser). Holz unter
Wasser bedeutet einen Brunnen.

Dies ist oft recht schwierig zu interpretieren. Der Zukunftsführer bittet Sie, Ihren Lebensstil und Ihre Motive genau unter
die Lupe zu nehmen. Was ist wesentlich für Ihr Überleben
und Ihr Glück? Dies könnte man im übertragenen Sinn als
»Wasser des Lebens« bezeichnen. Der Kommentar liefert Ihnen eine Faustregel, anhand derer Sie sich einschätzen können. Die Stadt, in der es schöne Gebäude, aber keinen Brunnen gibt, steht für einen wohlhabenden, aber unglücklichen
Menschen. Mit »seichter Brunnen« ist jemand gemeint, der immer wieder etwas anderes ausprobiert, sich aber niemals genügend anstrengt, um zu guten Ergebnissen zu kommen. Der
verschmutzte Brunnen ist wie ein Mensch, der seine guten
Eigenschaften vernachlässigt und sie somit vergeudet.

Dies ist keine gute Situation, um etwas zu tun, es ist Zeit, Ihr
Leben einer Bestandsaufnahme zu unterziehen.

Pfad 5.4/1

Vernachlässigter Brunnen.
Das Wasser ist trübe geworden.
Nicht einmal für Tiere geeignet.

Sie sind nicht in Form, und dieser Pfad führt ins Unglück, wenn Sie ihm folgen.
Zeit: Nichts gelingt richtig. Sie machen alles nur noch routinemäßig und müssen etwas ändern, aber tun Sie es nicht unbesonnen. Nehmen Sie sich Zeit und überlegen Sie, wie Sie Ihr Leben dauerhaft verbessern könnten.

Pfad 5.4/2

Wenn das Seil reißt, zerbricht der Krug.
Ohne Krug eignet sich der Brunnen nur zum Fang
von Elritzen.

Es droht irgendein Unfall oder Mißgeschick, am besten vermeiden Sie diesen Pfad.
Zeit: Unachtsamkeit verschlimmert eine ohnehin schwierige Zeit, seien Sie auf der Hut. Je weniger Sie in dieser Zeit unternehmen, desto besser. Einige grundlegende Veränderungen sind nötig, um künftig Ärger zu vermeiden, und jetzt ist der Zeitpunkt, sich welche zu überlegen. Zu einem günstigeren Zeitpunkt können Sie sie in die Tat umsetzen.

Der Brunnen hat gutes Wasser, aber keiner trinkt daraus.
Mein Herz ist traurig.
So viele sind durstig.
Doch der König unternimmt nichts.

Praktisch gesehen ist dies wahrscheinlich kein besonders hilfreicher Pfad. Ihre Lage erlaubt es Ihnen nicht, Ihre Talente einzusetzen.

Zeit: Sie verschwenden derzeit Ihre Talente, und das I Ging bringt sein Mitgefühl darüber zum Ausdruck. Aber Sie können im Moment nichts tun, sondern nur ruhig weitermachen und Zukunftspläne schmieden.

Der Brunnen wird repariert.
Er kann jetzt nicht benutzt werden.
Bald werden alle davon profitieren.

Es findet gerade irgendeine grundlegende Umstrukturierung statt, lassen Sie im Augenblick alles, wie es ist.

Zeit: Ruhe und Erholung. Eine gute Zeit, um etwas zu reparieren.

Pfad 5.4/5

Eine klare, kühle Quelle.
Sie dürfen trinken.

Das Glück auf diesem Pfad stellt sich durch Ruhe, nicht durch Aktion ein. Aus den meisten Reise-, Geschäfts- oder KarrierepEinen wird nichts werden. Doch Studien, Meditationen und Zusammenkünfte werden gut laufen. Sie bekommen vom Orakel diese Antwort häufig dann, wenn unmittelbarer Ärger droht, aber wenn Sie sich einfach still verhalten und nicht Partei ergreifen, vermeiden Sie Schaden.
Zeit: Gut für ein beschauliches Leben. Studien werden begünstigt. Denken Sie an Ihr spirituelles Weiterkommen.

Pfad 5.4/6

Reichlich Wasser.
Nehmen Sie, was Sie brauchen.
Es wird nicht austrocknen.

Der Unterschied zum vorhergehenden Pfad besteht darin, daß es hier anscheinend mehr Wasser gibt. Das Glück auf diesem Pfad stellt sich durch Ruhe, nicht durch Aktion ein. Aus den meisten Reise-, Geschäfts- oder Karriereplänen wird nichts werden. Doch Studien, Meditationen und Zusammenkünfte werden gut laufen. Sie bekommen vom Orakel diese Antwort oft dann, wenn Ärger droht, aber wenn Sie nicht Partei ergreifen, vermeiden Sie Schaden.
Zeit: Eine harmonische Zeit. Sehr gut für Meditation.

Situation 5.5

Durch das dunkle Tal

Es gibt viele Fallen.
Wenn Sie Ihr Herz am rechten Fleck
haben.
Schlagen Sie den einfachsten Weg ein
und lassen Sie die Gefahr hinter sich.

Unglück im Haus des Unglücks, nicht der beste Ort für einen Gast.

Dies ist eine gefährliche Situation. Nicht allein ist das eine Zeit körperlicher und mentaler Beanspruchung, Sie werden unter dieser Belastung wahrscheinlich auch Fehler machen, die schwerwiegende Konsequenzen haben. Diesen Weg geht man nicht freiwillig! Wenn er aber unvermeidlich ist, müssen Sie auf jeden Fall Ihre Nerven behalten und Ihre Intelligenz einsetzen, um den Weg des geringsten Widerstands zu finden. Wer eine gute Einstellung hat, hat sehr gute Chancen, sicher durchzukommen. Es gibt nur eine Gelegenheit, in der diese Situation günstig ist, und das ist bei Partys und Versammlungen, denn die können außerordentlich gut werden.

Pfad 5.5/1

Das dunkle Tal betreten.
In ein Loch fallen.
Das sollte man vermeiden.

Weitermachen bringt Sie in Gefahr.
Zeit: Schlecht. Achten Sie besonders auf Ihre Gesundheit und
Ihr Eigentum. Machen Sie sich keine Feinde, sie könnten Sie
vernichten.

Pfad 5.5/2

Ein Pfad im dunklen Tal.
Von Fallen umgeben.
Wenn Sie übereilt handeln, werden Sie hinfallen.
Machen Sie eine Pause und überlegen Sie,
wie Sie sich befreien können.

Meiden Sie diesen Pfad nach Möglichkeit. Wenn Sie einige
Verpflichtungen haben, die Sie in Gefahr bringen, ist ein Entkommen schwierig, aber nicht unmöglich.
Zeit: Schwierig und gefährlich, aber wenn Sie vorsichtig sind,
wird diese Zeit ohne große Verluste verstreichen. Reduzieren
Sie Ihre Verpflichtungen. Schaffen Sie sich keine Feinde, sie
könnten Sie vernichten.

Pfad 5.5/3

Verloren im dunklen Tal.
Vorn und hinten Treibsand.
Gehen Sie einen Schritt nach dem anderen.
Wenn Sie hinfallen, kämpfen Sie nicht,
Sie werden nur schneller einsinken.

Vermeiden Sie diesen Pfad nach Möglichkeit. Allergrößte Vorsicht ist notwendig.

Zeit: Sehr verzwickt, Sie werden alles ganz ruhig angehen müssen, wenn Sie sich befreien wollen. Reduzieren Sie Ihre Verpflichtungen auf ein Mindestmaß.

Pfad 5.5/4

Ein Fenster öffnet sich.
Ein Krug Wein und eine Schale Reis.
Einfache Annehmlichkeiten geben Ihnen Mut
in Ihrer schwierigen Lage.

Voranzuschreiten ist jetzt nicht gut, es sei denn, es ist der beste Ausweg aus einer schwierigen Situation. Mit einem rechtzeitigen Kompromiß könnten Sie Probleme vermeiden. Wenn Sie sich zurückziehen und entspannen, wird die Gefahr an Ihnen vorüberziehen.

Zeit: Schwer, aber wenn Sie ein einfaches Leben führen, werden Sie keinen Schaden erleiden.

Pfad 5.5/5

Die Gruben füllen sich mit Wasser.
Sobald sie voll sind, wird das Wasser
aus dem dunklen Tal herausfließen.

Wie das Wasser sind auch Sie kurz davor, aus dem dunklen Tal zu entfliehen. Haben Sie Geduld, Sie sind noch nicht zum Handeln bereit.

Zeit: Sie sind vielen Hindernissen begegnet, aber bald liegt das dunkle Tal hinter Ihnen. Sie müssen achtgeben, daß Sie nicht zu ungestüm werden und etwas unternehmen, bevor die Gefahr vorbei ist.

Pfad 5.5/6

Gefesselt und eingesperrt.
Undurchdringliches Dornengestrüpp.
Drei Jahre in der Dunkelheit gefangen.

Wenn Sie so weitermachen, werden Sie ernstlich in Schwierigkeiten geraten. Wenn es sich um etwas Unvermeidliches handelt, halten Sie sich besser ruhig, anstatt zu fliehen, die schlimme Zeit wird vorbeigehen.

Zeit: Sechste Pfade bedeuten meist das Ende einer Sache, in diesem Fall das Ende der Dunkelheit. Die Gefahr dabei ist, daß man im letzten Moment in Panik gerät und einen Fehler macht, der zu weiteren »drei Jahren« Leid führt. Bleiben Sie beständig, dann geht alles gut.

Situation 5.6
Der alte Fuchs

Man hat den zugefrorenen Strom beinahe überquert.
So wachsam wie ein alter Fuchs, aus Angst,
auf den letzten Metern auszurutschen.
Auf der anderen Seite gibt es Jagdwild.
Obwohl Sie sich bald wieder auf den Weg machen werden.

Intensität (Feuer) im Haus des Unglücks (Wasser). Jede Menge Chemie, obwohl die Intensität Schaden nehmen könnte, wenn Wasser Feuer löscht.

Damit ist oft gemeint, daß etwas wirkungsvoll erledigt werden soll.

Stellen Sie sich vor, Sie sind im Urlaub. Sie wissen, wann Sie wieder nach Hause fahren müssen, aber Sie möchten während Ihrer Abwesenheit gern noch vieles erledigen. Sie müssen Ihren Urlaub zu einem glücklichen Abschluß bringen, damit Sie sich geistig auf eine mögliche Rückkehr einstellen können.

Zudem befinden wir uns ja im Haus des Unglücks, was heißt, daß immer mit Unfällen und Verlusten zu rechnen ist. Es ist nicht unbedingt einfach, etwas erfolgreich abzuschließen, deshalb müssen Sie sich wie ein wachsamer alter Fuchs benehmen.

Pfad 5.6/1

Treten Sie auf die Bremse.
Dann wird schlimmstenfalls nur der Schwanz naß.

Trotz größter Umsicht sind einige Fehler unvermeidbar. Aber ohne Vorsicht könnte es viel schlimmer sein. Seien Sie schlau und passen Sie auf.

Zeit: Eine schwierige Zeit, eine Sache geht zu Ende und es kommt nichts nach. Haben Sie Geduld und beobachten Sie, wie sich die Dinge entwickeln.

Pfad 5.6/2

Die Kutsche verliert ihren Vorhang.
Kehren Sie deswegen nicht um.
In sieben Tagen wird er ersetzt werden.

Etwas, das Sie jetzt große Anstrengung kostet, wird zu einem späteren Zeitpunkt viel leichter sein. Sorgen Sie sich nicht um oberflächliche Probleme (»Vorhänge«), damit können Sie sich später befassen. Wenn Sie etwas verloren haben, werden Sie es zurückbekommen.

Zeit: Ihre Lage bessert sich, und Sie brauchen nichts weiter zu tun, als sorgsam Rückschläge zu vermeiden. Seien Sie schlau und vorsichtig.

Pfad 5.6/3

Der berühmte Vorfahr.
Zähmt das Land des Teufels.
In drei Jahren erobert er es.
Unterlegene Menschen sollten nicht eingestellt werden.

Der einzig wirkliche aktive Pfad in dieser Situation. Sie können schwierige Probleme überwinden. Handeln Sie tapfer.
Zeit: Glücklich, aber ungewiß. Ihr Stern ist im Aufsteigen begriffen, setzen Sie Pläne und Veränderungen in die Tat um.

Pfad 5.6/4

Die schönsten Kleider werden zu Lumpen.
Ein Ausrutscher, und sie sind ruiniert.
Seien Sie ständig auf der Hut.

Dinge, auf die Sie sich verlassen, lassen Sie im Stich. Sie können nur überleben, wenn Sie ganz schlau sind. Elegante Kleidung wird Ihnen in harten Zeiten nichts nützen. Wenn Sie etwas unternehmen, werden Sie scheitern und Ihr Eigentum verlieren.
Zeit: In dieser Zeit könnte Ihnen ein großes Geschäft entgehen. Das können Sie nur mit allergrößter Vorsicht verhindern.

Pfad 5.6/5

Dem östlichen Nachbarn,
der einen Ochsen schlachtet,
wird nicht soviel wahres Glück zuteil
wie dem Nachbarn im Westen
mit seiner kleinen Opfergabe.

Kleine Dinge laufen gut, wichtige sollten vorerst auf Eis gelegt werden.
Zeit: Protziges Gehabe bringt Sie nicht weiter, aber beständige Arbeit wird Ihnen bescheidenen Lohn einbringen.

Pfad 5.6/6

Sein Kopf gerät ins Wasser.
Gefahr.

Vermeiden Sie diesen Pfad. Dies ist der allerletzte Teil der Überfahrt, und nur allzuleicht wird man unbekümmert und rutscht aus.
Zeit: Es wird bald besser, werden Sie daher nicht nervös und machen Sie keine Fehler.

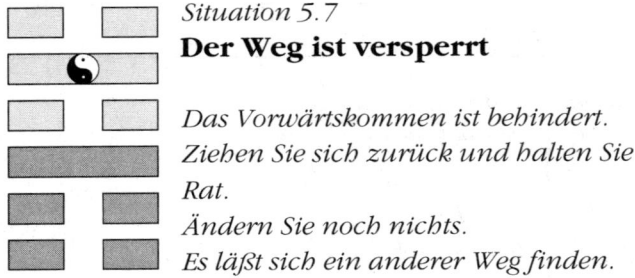

Situation 5.7
Der Weg ist versperrt

Das Vorwärtskommen ist behindert.
Ziehen Sie sich zurück und halten Sie
Rat.
Ändern Sie noch nichts.
Es läßt sich ein anderer Weg finden.

Feste Absicht im Haus des Unglücks. Diese Beziehung funktioniert einfach nicht. Machen Sie es wie die Feste Absicht, verhalten Sie sich ruhig und halten Sie sich von Ärger fern. So wie Sie es anpacken, können Sie keine großen Fortschritte erzielen. Wenn Sie etwas vorantreiben, werden die Schwierigkeiten nur größer, bis Sie gezwungen sind einzuhalten. Es ist Zeit, innezuhalten und neu zu überlegen. Lassen Sie sich gegebenenfalls von einem Fachmann beraten. Schwierigkeiten kann man immer auch mit anderen Methoden umgehen.

Pfad 5.7/1

Das Vorwärtskommen ist behindert.
Rückzug ist günstig.

Ziehen Sie sich zurück und halten Sie sich von Ärger fern.
Zeit: Sie sind in einer sehr schwachen Position und können überhaupt nicht viel tun. Bleiben Sie innerhalb Ihrer Grenzen, dann ist alles in Ordnung. Studium und andere ruhige Beschäftigungen entwickeln sich gut.

Pfad 5.7/2

In einer edlen Sache.
Viele Hindernisse.
Nicht Ihre Schuld.
Die Gefahr läßt sich überwinden.

Nur diesem Pfad kann man in dieser Situation strikt folgen. Freiwillig entscheidet man sich nicht für diesen Pfad, aber dies ist einer der seltenen Augenblicke, in denen man der Gefahr ins Auge schaut. Lassen Sie bei Ihren Vorbereitungen Vorsicht walten und setzen Sie dann alle Mittel ein, die Ihnen zur Verfügung stehen. Unkonventionelle Methoden sind auf diesem Pfad durchaus akzeptabel, sofern es sich um eine gerechte Sache handelt.

Zeit: Sie können jetzt alle scheinbar unüberwindlichen Probleme in Ihrem Leben in den Griff bekommen und sie überwinden.

Pfad 5.7/3

Die Blockaden sind groß.
Drehen Sie um.

Selbst wenn Sie mitten in einer Sache stecken, ist es besser, Sie ziehen sich zurück, zumindest vorläufig.
Zeit: Sie befinden sich in einer Übergangsphase, müssen sich aber fürs erste zurückhalten. Das ist stressig.

Pfad 5.7/4

Schwierigkeiten lassen sich nicht überwinden.

Ziehen Sie sich zurück und schließen Sie sich anderen an. Kein guter Pfad. Verschieben Sie Ihre Pläne oder lassen Sie sie fallen.
Zeit: Eine Zeit des Stillstands, die Sie durchstehen müssen, während Sie Vorbereitungen für Ihr künftiges Weiterkommen treffen.

Pfad 5.7/5

In großen Schwierigkeiten naht Hilfe.

Diesen Pfad wählt man nicht freiwillig, aber Sie können ihm folgen, wenn es sein muß. Suchen Sie nach Hilfe.
Zeit: Recht positiv, aber es gibt ein paar versteckte Schwierigkeiten, die gelöst werden müssen. Sie müssen unbedingt erreichbar sein, sonst übersehen Sie wichtige Warnungen.

Wenn Sie bereits etwas geplant haben, ziehen Sie Erkundigungen ein und überprüfen Sie alles zweimal. Freunde werden Ihnen helfen.

Pfad 5.7/6

Das Vorwärtskommen wird behindert.
Ein Rückzug ist günstig.

Suchen Sie sich weisen Rat. Sie stecken in einer ungewissen Lage, einerseits würden Sie gern Ihren eigenen Interessen nachgehen, doch Sie haben Verpflichtungen, die Sie nicht gut ignorieren können. Überlegen Sie sich ganz genau, wie Sie diese Faktoren ausgleichen können. Letztendlich müssen Sie jedoch das tun, was Ihrem *Gefühl* nach richtig ist.
Zeit: Viele Schwierigkeiten und ein paar gute Gelegenheiten. Eine Zeit, um mutig zu sein und einzusehen, daß Sie es nicht jedem recht machen können. In erster Linie müssen Sie sich selbst treu bleiben.

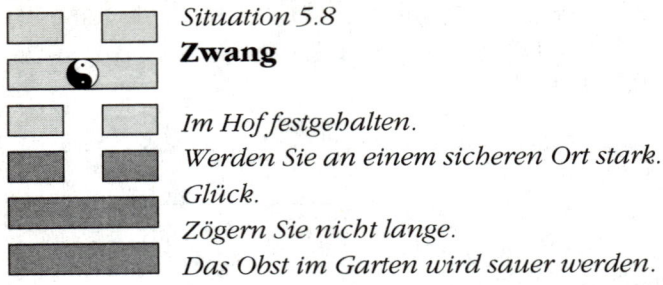

Zwang

Im Hof festgehalten.
Werden Sie an einem sicheren Ort stark.
Glück.
Zögern Sie nicht lange.
Das Obst im Garten wird sauer werden.

Flucht im Haus des Unglücks. Diese Beziehung dient einem Zweck. Sobald dieser Zweck erfüllt ist, sollte die Beziehung beendet werden.

Verpflichtungen sind ein widersprüchlicher Segen. Einerseits gerät man, da sie sich zwangsläufig ergeben, nicht in Schwierigkeiten und entwickelt seinen Charakter weiter, andererseits hemmen sie das Wachstum. Wenn Sie als Antwort diese Situation bekommen, dann ist eine Beschränkung gut für Sie, und Sie sollten sie fürs erste geduldig ertragen. Lassen Sie dies aber nicht zum Dauerzustand werden, denn das würde Sie nur verbittern.

Pfad 5.8/1

Im Hof in Sicherheit.
Kein Vorwurf, wenn man bleibt.

Sie brauchen im Moment den Hof nicht zu verlassen, wenn
Sie es aber doch versuchen, vergeuden Sie Ihre Stärke. Es ist
nicht schwierig, aus Vereinbarungen auszusteigen.
Zeit: Ihre Position ist sehr schwach. Lassen Sie sich nicht noch
mehr schwächen. Führen Sie ein ganz ruhiges Leben, dann
kommen bessere Zeiten.

Pfad 5.8/2

Das Leben im Hof ist langweilig.
Es wird Zeit, nach draußen zu blicken.

Sie waren zu lange zu stark eingeschränkt. Diesem Pfad zu
folgen ist nicht leicht, weil Sie ziemlich träge sind. Vielleicht
finden Sie nicht gleich heraus, was jetzt das Richtige ist. Vielleicht haben Sie die Freude an Ihrer Tätigkeit verloren – dann
erscheint es Ihnen schwierig, die richtige Einstellung dazu
wiederzufinden. Aber Sie müssen einen Anfang machen, bevor Sie völlig erstarren. Sie müssen mutig handeln, Ihre Pläne
fallenlassen und sich etwas Aufregenderes ausdenken.
Zeit: Vergessen Sie Ihre Verpflichtungen und machen Sie sich
von Ihren Beschränkungen frei. Jetzt ist die Zeit, um neue
Ideen auszuprobieren. Gehen Sie aus sich heraus, amüsieren
Sie sich!

Pfad 5.8/3

Der Hof ist langweilig.
Aber draußen lauert Gefahr.
Ein ungeduldiger Mensch wird leiden.

Sie fühlen sich möglicherweise ruhelos und sind versucht zu handeln, aber das wird nur mit Tränen enden.
Zeit: Sie werden unruhig sein, aber Sie müssen unbedingt beständig bleiben, sonst kommen Sie vom Kurs ab.

Pfad 5.8/4

Es sind Verpflichtungen zu erfüllen.
Brechen Sie nicht in Eile auf.

Die Lage sieht im Augenblick gut für Sie aus, handeln Sie nicht. Ein Angebot mag sich gut anhören, sollte aber besser abgelehnt werden.
Zeit: Machen Sie so weiter wie bisher, dann bleibt Ihr Leben stabil. Eine Zeitlang können Sie noch Fortschritte machen. Aber auf Dauer werden Veränderungen unumgänglich sein.

Pfad 5.8/5

Im Hof arbeiten.
Es wird viel zu zeigen geben.

Halten Sie sich an Ihre Arbeit. Handeln Sie nicht. Ein Angebot hört sich zwar gut an, sollte aber besser abgelehnt werden.

Zeit: Dies ist eine Zeit, in der Sie hart daran arbeiten sollten, Ihre Zukunft zu verbessern. Halten Sie sich an das, was Sie am besten können, und behalten Sie einen kontinuierlichen Rhythmus bei. Lassen Sie die Dinge nicht schleifen, sonst verausgaben Sie sich gänzlich. Eine ausdauernde Anstrengung zum jetzigen Zeitpunkt wird zu viel besseren Zeiten führen.

Pfad 5.8/6

Außerordentliche Bemühungen.
Die Dinge müssen geregelt werden.
Unwegsam, aber nur für kurze Zeit.

Hier müssen Sie sich für eine kurze Zeit hart disziplinieren. Das könnte bedeuten, daß Sie eine schlechte Angewohnheit aufgeben oder eine leidige Aufgabe erledigen, der Sie bisher aus dem Weg gegangen sind, oder aber etwas anderes. Was auch immer es ist, tun Sie es sofort, ohne an die Folgen zu denken. Wahren Sie als erstes Ihre eigenen Interessen und kümmern Sie sich später um die Meinung anderer Leute. Wenn Sie jetzt Stärke und Disziplin zeigen, wird das für Sie noch jahrelang von Vorteil sein. Haben Sie die notwendigen Dinge erledigt, können Sie wieder ein normales Leben führen. Manche Menschen finden es aufregend, ständig in Alarmbereitschaft zu sein, aber das ist auf Dauer nicht gut, denn es schadet Ihrer Gesundheit und Ihren Beziehungen.
Zeit: Sie brauchen einen starken Zwang, und das wird Ihnen nicht gefallen. Halten Sie ihn aus, dann können Sie sich später davon freimachen.

6.

Das Haus der Intensität

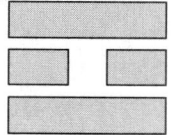

Die Mittagshitze.
Tun Sie, was Sie tun wollen.
Denken Sie auch
an den Schatten.

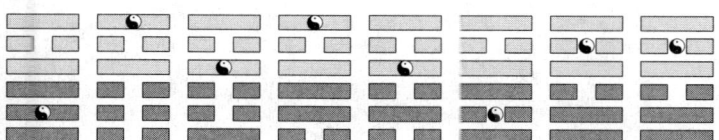

Die Intensität wirkt auf das Herz und löst starke Emotionen aus. Diese Gefühlsleidenschaft ist mit einem hohen Maß an Bewußtsein verbunden. In diesem Haus ist es für unseren Erfolg entscheidend, wie gut wir mit starken Emotionen umgehen. Die Intensität ist allein von ihrem Wesen her von kurzer Dauer, es bleibt also nicht viel Zeit für Experimente.

Vieles muß getan werden, solange man in der richtigen Stimmung ist, sonst geschieht gar nichts. Natürlich gibt es auch viele aufregende Dinge, von denen man sich aber nicht ablenken lassen sollte.

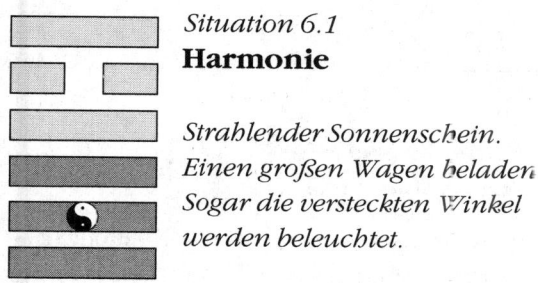

Situation 6.1
Harmonie

Strahlender Sonnenschein.
Einen großen Wagen beladen.
Sogar die versteckten Winkel
werden beleuchtet.

Herausforderung (Metall) im Haus der Intensität (Feuer). Eine wunderbare Kombination. Oft mildert die Intensität die unflexible Herausforderung. Mit Intelligenz und Stärke gelingt alles.

Diese Situation ist dreifach günstig. Es handelt sich um eine glückliche Zeit (Sonnenschein), die man genießen sollte, solange sie anhält. Sie können bei allen Unternehmungen erfolgreich sein (Wagen). Es ist auch eine Zeit, in der man spirituelle Übungen (Licht in versteckten Winkeln) fördern kann, und das kann ein Leben lang oder sogar noch darüber hinaus von Vorteil sein!

Der Einfluß dieser Situation ist ziemlich begrenzt, daher sind ihre Vorteile nicht von Dauer. Meistens bezieht sie sich auf hervorragende Zeiten, die voll genutzt werden sollten. Wenn Sie andererseits eine Frage zu einer ernsten, langfristigen Angelegenheit stellen, haben Sie eine Zeitlang sehr gute Aussichten.

217

Ehrlicher Verdienst
kann nicht zu Schaden kommen.
Sogar gefährliche Dinge sind unbedenklich.

Handeln Sie Ihrem Wesen nach, dann geschieht Ihnen nichts – wenn das Leben doch immer so wäre! Vergnügen bringt Glück. Ein Projekt wird trotz anfänglicher Schwierigkeiten gelingen.

Zeit: Im allgemeinen erfreulich und günstig. Arbeiten Sie daran, Ihren Wohlstand zu festigen. Manchmal bezieht sie sich auf eine gefährliche Zeit, in der sich etwas besser als erwartet entwickelt.

Große Belohnungen.
Beladen Sie einen großen Wagen.

Sie können unbedenklich eine größere Sache in Angriff nehmen und damit Erfolg haben.

Zeit: Eine genußvolle, profitable Zeit. Nutzen Sie sie richtig

Pfad 6.1/3

Ehrlich in einer guten Sache.
Selbst ein Dummer hat Vorzüge.
Sie werden auf die Probe gestellt und dann über Ihre
Erwartungen hinaus belohnt werden.

Sie müssen das, was Sie am besten können, fleißig tun und dem Schicksal seinen Lauf lassen. Es ist Ihnen sehr gewogen. Der Kommentar über den »Dummen« bedeutet, daß man Ihnen Ihre persönliche Schwäche verzeiht, wenn Sie gute Taten in guter Absicht vollbringen.

Zeit: Sie stecken möglicherweise in einer schwierigen Situation und sind versucht, Ihre Prinzipien aufzugeben, um die Dinge wieder ins Lot zu bringen. Das wäre ein Fehler; dies ist nur ein Test, und Sie werden belohnt werden, wenn Sie sich nicht beirren lassen.

Pfad 6.1/4

Halten Sie Distanz zu anderen.
Erfolg zieht Neid an.
Bescheidenheit beim Empfangen von Belohnungen bringt
Glück.

Obwohl alles gut klappt, besteht immer die Gefahr, daß Erfolg Eifersucht aufkommen läßt. Am besten begegnen Sie dem mit einer würdigen und bescheidenen äußeren Haltung. Diese Warnung soll Sie nicht abschrecken, sondern Sie nur ein wenig achtsamer machen.

Zeit: Recht gut, genießen Sie sie, solange sie anhält. Suchen Sie sich Dinge von bleibendem Wert.

Pfad 6.1/5

Über jeden Vorwurf erhaben.
Großer Verdienst mit Würde.
Lassen Sie Ihr Licht leuchten.

Ein Projekt wird sehr großen Erfolg haben, machen Sie also zuversichtlich weiter.
Zeit: Das meiste wird gut klappen, und das Leben ist schön.

Pfad 6.1/6

Der Himmel sieht Ihre Verdienste.
Belohnungen ergeben sich von selbst.

Was auch immer Sie vorhaben, Sie sollten es fortsetzen. Dieser Pfad bringt Ihnen viel Glück.
Zeit: Harmonisch und günstig. Genießen Sie, genießen Sie, genießen Sie!

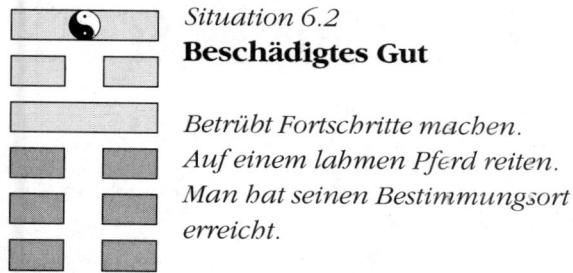

Situation 6.2
Beschädigtes Gut

Betrübt Fortschritte machen.
Auf einem lahmen Pferd reiten.
Man hat seinen Bestimmungsort
erreicht.

Entwicklung (Erde) im Haus der Intensität (Feuer). Die Intensität nimmt Schaden, da Feuer von der Erde erstickt wird. Sie löscht es nicht ganz aus, sondern verdirbt es.

Die Dinge mögen gut aussehen, aber es gibt einen Haken daran. Dadurch wird zwar nicht das Leben unerträglich, aber es macht nicht mehr soviel Spaß. Wenn Sie anfängliche zusätzliche Schwierigkeiten mit berücksichtigen, gibt es keinen Grund, weshalb Sie in dieser Situation nicht erfolgreich wie bisher weitermachen sollten.

Diese Situation steht in Zusammenhang mit kurzfristigem Gewinn, besonders als zeitliche Vorhersage. Anschaffungen werden minderwertig sein. Sorgen Sie dafür, daß sich das im Preis bemerkbar macht. In dieser Situation kann es Ihnen gutgehen, sofern jemand anderer das Geld bereitstellt.

Pfad 6.2/1

Fortschritte lassen auf sich warten.
Kein Schaden.

Am besten warten Sie eine Weile, bevor Sie etwas tun. Sie brauchen nichts zu überstürzen.

Zeit: Sie können im Kleinen gute Fortschritte erzielen, aber Ihr Leben ist von Trauer überschattet. Umgehen Sie wichtige Verpflichtungen.

Pfad 6.2/2

Fortschritte in Traurigkeit.
Überlegen Sie, ob Sie sich zurückhalten sollten.

Es wird ein paar Hindernisse geben, wenn Sie weitermachen. Wenn nötig, können Sie sich auch mit Gewalt durchsetzen.

Zeit: Stillschweigende Fortschritte werden begünstigt, und Sie machen möglicherweise einen unerwarteten Gewinn. Es ist nicht alles so, wie es sein sollte, und das Glück stellt sich nicht ein.

Pfad 6.2/3

Passen Sie auf, wenn Sie Vereinbarungen treffen.
Dann brauchen Sie nichts zu bereuen.

Die Lage sieht besser aus, als sie ist. Die Leute sind trügerisch entgegenkommend, aber es gibt Ärger; bereiten Sie sich darauf vor.

Zeit: Sie können gute Fortschritte erzielen, aber es herrscht Dunkelheit in Ihrem Leben. Lassen Sie Ihre Interessen nicht außer acht. Bei vielen Dingen trügt der Schein.

Pfad 6.2/4 ☺

Fortschritte sind wie eine Maus,
langsam und würdelos.

Es ist besser, so weiterzumachen, als überhaupt nicht, aber ideal ist das mit Sicherheit nicht.

Zeit: Sie können über die Runden kommen und von dieser Zeit sogar profitieren, aber es läuft nicht so, wie Sie es gern hätten.

Pfad 6.2/5 ☺

Fortschritte mit Schweiß und unter Tränen.
Nehmen Sie sich Verluste und Gewinne nicht zu Herzen.

Es lassen sich gewisse Fortschritte erzielen, aber nur mit großer Anstrengung. In geschäftlichen Dingen können Sie nur von den Verlusten eines anderen profitieren. Erwarten Sie nicht, daß Ihnen Gewinne in den Schoß fallen, dann werden Sie nicht enttäuscht.

Zeit: Alles in Ordnung, aber Ihr Glück ist überschattet. Arbeiten Sie beständig und versuchen Sie, nicht an Sachen zu denken, die Sie in Aufregung versetzen.

Mit den Hörnern voran.
Die Tür öffnet und schließt sich.
Es bringt Glück, sich der Gefahren bewußt zu sein.
Starke Disziplin.
Zu weit zu gehen führt zu Demütigungen.

Kühnes Handeln wird auf diesem Pfad Erfolg bringen. Dies ist vielleicht nicht die ideale Methode, um weiterzukommen, aber sie ist effektiv. Auf diesem Pfad kommt man gut aus Schwierigkeiten heraus. Eine Anschaffung wird sich lohnen, wenn der Preis stimmt.

Zeit: Es wird sich später auszahlen, wenn Sie sich in dieser Zeit selbst disziplinieren. Wenn Sie in Gefahr sind, ist nun ein guter Zeitpunkt zur Flucht.

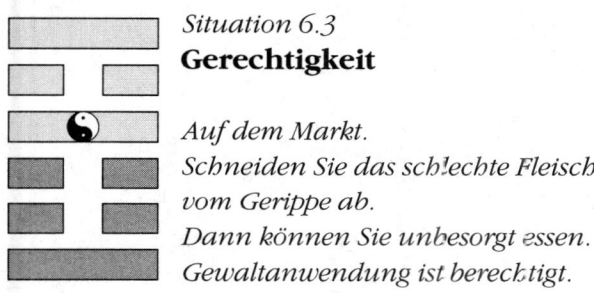

Situation 6.3
Gerechtigkeit

Auf dem Markt.
Schneiden Sie das schlechte Fleisch
vom Gerippe ab.
Dann können Sie unbesorgt essen.
Gewaltanwendung ist berechtigt.

Erwachen (Macht) im Haus der Intensität (Feuer). Eine lebhafte Kombination: Die Intensität wirft Licht auf die Wahrheit, und das Erwachen verstärkt sie. Keiner der beiden Archetypen besitzt dauerhafte Macht, daher ist dies wahrscheinlich eine kurzlebige Phase.

Sie sollten sich von nichts und niemandem das Leben schwermachen lassen. Es geht einfach darum, anderen die Berechtigung Ihrer Ansprüche vor Augen zu führen. Es könnte ein wenig Begeisterung nötig sein, um sie zum Zuhören zu überreden, das ist alles. Bereit zu sein, ›schlechtes Fleisch vom Gerippe abzuschneiden«, bedeutet, daß Sie keine Angst haben sollten, sich für die Durchsetzung Ihrer Rechte die Hände schmutzig zu machen.

Diese Situation ist meist gut für Geschäfte: Im Geschäftsleben gilt es als normal, die eigenen Interessen höflich, aber nachdrücklich zu wahren.

Manchmal bezieht sich diese Situation darauf, eine verborgene Gefahr, einen Verräter, einen Störenfried oder sogar die eigene Einstellung gegenüber Problemen aufzuspüren. Wichtig ist, ungeachtet der persönlichen Interessen, erbarmungslos nach der Wahrheit zu streben.

Pfad 6.3/1

Legen Sie Ihre Füße in Ketten.
Dann geraten Sie nicht in Schwierigkeiten.

Es klappt einfach nichts, wenn Sie diesem Pfad folgen. Wenn Sie trotzdem darauf bestehen, werden Sie leiden.

Zeit: Dies ist eine schwierige Zeit für Sie, Sie können den Dingen nicht den gewünschten Verlauf geben. Es wäre nicht schlecht, wenn Sie Ihre Pläne verschieben und etwas anderes tun würden.

Pfad 6.3/2

Das Fleisch des Feindes ist so zart.
Sie büßen Ihre Nase ein, wenn Sie zu fest zubeißen.

Vielleicht verärgert Sie etwas. Dann sollten Sie es endgültig klären. Springen Sie aber nicht allzu grob mit Ihrer Umwelt um, denn das hinterläßt nur ein dauerhaft schlechtes Gefühl. Wenn Sie etwas zu Ende führen, seien Sie entschlossen, aber so freundlich wie möglich. Die Geschäfte laufen gut, ein schneller, treffsicherer Zug bringt Belohnungen ein. Etwas das Sie für sehr schwierig hielten, ist zum Schluß ganz einfach.

Zeit: Aktiv und ergiebig. Arbeiten Sie hart und gehen Sie bestimmt, aber gerecht mit anderen um. Wenn Sie auf Ihrem Pfad sind, verdoppeln Sie Ihre Anstrengungen, es ist Zeit für einen Neubeginn.

Pfad 6.3/3

Schneiden Sie das Gift heraus.
Dann werden Sie belohnt.

Dies bezieht sich oft auf etwas, was Sie aus irgendeinem Grund ungern tun. Sie sollten weitermachen und bereit sein, sich die Hände schmutzig zu machen, um sich Ihren Wunsch zu erfüllen.

Zeit: Eine energische Vorgehensweise wird sich diesmal auszahlen. Setzen Sie sich durch und lassen Sie die Dinge geschehen. Vielleicht fühlen Sie sich aufgrund Ihrer Unverblümtheit unwohl, aber das ist nun mal so.

Pfad 6.3/4

Durch trockenes, grausiges Fleisch schneiden.
Man findet bronzene Pfeile.
Handeln Sie mutig, doch behalten Sie die Gefahr im Auge.

Bronzene Pfeile waren wertvoll, sicher mehr wert als altes Fleisch. Das bedeutet, daß Ihre Absichten Ihnen unerwartete Vorteile einbringen werden, wenn Sie bereit sind, sich die Hände dafür schmutzig zu machen. Jetzt ist ein guter Zeitpunkt, um einen Streit entschieden, aber gerecht zu schlichten.

Zeit: Wagen Sie etwas, lassen Sie Dinge geschehen. Lassen Sie sich vom Pessimismus anderer nicht davon abhalten, das zu tun, was Sie für richtig halten.

Durch trockenes, mageres Fleisch schneiden.
Gelbes Gold finden.
Achten Sie auf Gefahr.
Glück.

Gold in einem Stück Fleisch zu finden ist wirklich ein Glücksfall. Das können Sie nicht planen, es ist vielmehr das Ergebnis Ihres gründlichen und entschlossenen Vorgehens.

Zeit: Wenn Sie sich richtig anstrengen, räumen Sie Hindernisse aus dem Weg und beginnen etwas Neues. Schaffen Sie das richtige Fundament und machen Sie den anderen klar, was Sie tun wollen. Übertriebene Diplomatie ist nicht nötig.

Pfad 6.3/6

Blind weitermachen.
Für Vernunftgründe taub.
Sie werden in die Klemme geraten.

Hier droht keine große Gefahr, wenn Sie aufwachen und das Notwendige tun, ohne herumzutrödeln. Nicht gut ist es für ein neues Projekt, Sie müssen zuerst ein paar Dinge klären.

Zeit: Es wird alle möglichen Probleme geben, doch wenn Sie sich daranmachen, sie anzugehen, drohen Sie sich sehr leicht zu verzetteln. Wichtig ist, daß Sie sich Ihrer Prioritäten bewußt sind, sonst kann es sein, daß Sie ein großes Geschäft anleiern, aber sehr wenig erreichen.

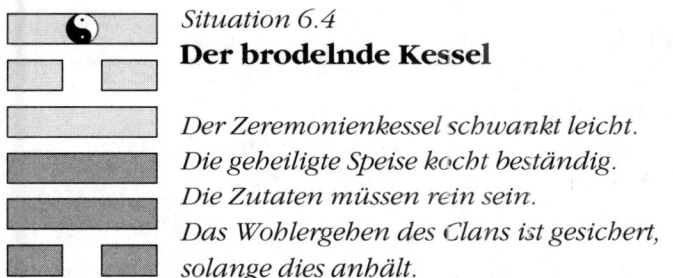

Situation 6.4
Der brodelnde Kessel

Der Zeremonienkessel schwankt leicht.
Die geheiligte Speise kocht beständig.
Die Zutaten müssen rein sein.
Das Wohlergehen des Clans ist gesichert,
solange dies anhält.
Sollte der Kessel umkippen oder herunterfallen, gibt es eine
Katastrophe.

Gute Jagd (Holz) im Haus der Intensität (Feuer). Diese beiden sind wie füreinander geschaffen, aber die Beziehung ist potentiell instabil.

Diese Situation könnte schwer zu interpretieren sein, da ihre Handlung recht komplex ist. Wir haben das Bild des Kochvorgangs vor uns, ein Feuer erhitzt einen Topf mit Essen. Alle Zutaten und Geräte müssen zur Hand sein, und jeder Schritt des Vorgangs muß planmäßig ablaufen. Wenn nur ein Teil nicht gelingt, ist das Essen verdorben.

In der Praxis erhalten Sie diese Situation oft dann als Antwort, wenn Sie zum Erreichen Ihrer Ziele sehr feinfühlig manövrieren müssen. Erst muß eine Sache beendet sein, bevor man mit einer anderen anfängt. Denken Sie genau darüber nach, was Sie im Leben wirklich wollen und wie Sie es bekommen können.

Der Topf ist voller Dreck.
Schrubben Sie ihn und lassen Sie ihn umgedreht stehen.
Das Kind einer Konkubine hat mehr Glück.

Dies ist ein ziemlich schlechtes Omen, wenn Sie versuchen, etwas zu tun. Am besten handeln Sie selbst, bevor etwas dazwischenkommt. Eine Art Reinigung, Erholung ist erforderlich. Halten Sie sich von Ärger fern, dann müßte eigentlich alles gutgehen. Mit dem »Kind der Konkubine« ist wahrscheinlich gemeint, daß ein Neubeginn nach einer Pause gelingen wird, auch wenn die Ausgangsposition ungünstig ist. Unachtsamkeit führt zu Unfällen.

Zeit: Sehr schlecht, aber es wird keine bleibenden Schäden geben, wenn Sie Ihre Sorgen mit innerer Stärke ertragen. Es besteht die Gefahr einer Erkrankung und eines Unfalls.

In meinem Topf ist Essen.
Meine Umgebung ist neidisch.
Sie kann mich nicht verletzen, wenn ich ehrlich bleibe.
Trauer und Glück.

Hier bieten sich viele Möglichkeiten. Essen im Topf bedeutet materiellen Wohlstand, aber es gibt auch Unruhe und Unglück. Ehrlich zu bleiben heißt, trotz Bedenken weiterzumachen.

Zeit: Unsicher. Es wird zu Ihrem Vorteil sein, wenn Sie einfach die Spreu vom Weizen trennen. Vielleicht ist es Zeit, alleine zurechtzukommen. Es besteht eine gewisse Krankheits- oder Unfallgefahr.

Pfad 6.4/3

Der Henkel des Topfs ist kaputt.
Das Kochen wird erschwert.
Der Fasan wird nicht gegessen.
Warten Sie darauf, daß Regen fällt, dann wird alles gut.

Da stimmt vieles nicht, wenn es einen Chinesen davon abhält, Fasan zu essen. Regen kann ein emotionales Loslassen oder eine Änderung der Umstände bedeuten. Es ist besser, Pläne aufzuschieben, denn auf diesem Pfad besteht die Gefahr eines Unfalls.

Zeit: Es gibt Probleme, die die Entwicklung Ihrer Pläne erschweren. Diese Probleme werden vorübergehen, es lohnt also nicht, sich damit herumzuschlagen. Die Gefahr besteht darin, daß Sie die Geduld verlieren und versuchen, vorschnell loszugehen, denn das bringt Sie in Gefahr.

Pfad 6.4/4

Die Füße des Topfs zerbrechen.
Das Mahl des Prinzen kippt um.
Er erleidet schlimme Verbrennungen.
Unglück.

Ein Augenblick der Torheit macht jahrelange Bemühungen zunichte. Hier erreicht die Unfallgefahr ihren Höhepunkt, vermeiden Sie diesen Pfad möglichst. Eine vertrackte Situation. Vielleicht überlistet man Sie, indem man Sie bei Ihrer Habgier oder Ihrem Pflichtgefühl packt. Lassen Sie die Finger davon! *Zeit:* In dieser Zeit besteht ein hohes Risiko für Unfälle oder andere unerfreuliche Vorfälle. Es lohnt sich, den Zukunftsführer zu benutzen, damit er jeden Ihrer Schritte überwacht. Die Gefahr kreist meist um Ihre Verpflichtungen, es ist daher nicht schlecht, eine Zeitlang besonders egoistisch zu sein. Die Gefahr pirscht sich dort an Sie heran, wo Sie vermutlich am besten zu erwischen sind. Geben Sie Ihre Absichten nicht preis.

Pfad 6.4/5

Mit Gold verziert.
Jetzt kann man den Zeremonientopf tragen.

Wird der Kochvorgang richtig durchgeführt, gelingt er, und Sie können das Essen genießen. Dies bezieht sich oft auf etwas Schwieriges, das mit Geschick erfolgreich bewältigt wird. *Zeit:* Dies ist eine glückliche Zeit, in der Sie schwierige Angelegenheiten erfolgreich zu Ende bringen können.

Pfad 6.4/6

Mit Jade verziert.
Der Zeremonientopf ist vom Himmel gesegnet.

Schönen Lohn gibt es für diejenigen, die auf diesem Pfad gute Leistungen erbringen. *Zeit:* Im allgemeinen gut. Alle möglichen verzwickten Probleme lassen sich in dieser Zeit lösen.

Der junge Fuchs

Es ist Frühling.
Seien Sie wie ein junger Fuchs.
Fassen Sie Mut.
Überqueren Sie den zugefrorenen Fluß,
solange es möglich ist.
Die sommerlichen Jagdgründe warten.
Wagemutig, aber vorsichtig; wenn der Schwanz naß wird,
kein Vorwurf.

Unglück (Wasser) im Haus der Intensität (Feuer). Eine instabile, unkonventionelle Beziehung, die sehr verjüngend und positiv wirkt.

Sie sind bereit, einen Übergang zu machen. Es ist der richtige Zeitpunkt, denn Flüsse sind nicht immer zugefroren. Der Erfolg winkt Ihnen, und neue Türen tun sich auf. Daß Füchse schlau sind, versteht sich von selbst, aber jüngere sind kühner, das heißt, Mut ist wichtiger als Umsicht. Es kommt letztlich nur darauf an, daß die Überquerung stattfindet. In dieser Situation naß zu werden bedeutet unbedeutende Mißerfolge, die durch ein gutes Ergebnis mehr als kompensiert werden. Am ehesten erleidet man eine Niederlage, wenn man den Versuch nicht wagt.

In der Praxis werden Pläne in den meisten Fällen gelingen, obwohl es auch ein paar Verluste gibt. Oft wird der langfristige Nutzen Ihre Erwartungen übertreffen. Treffen Sie Ihre Vorbereitungen umsichtig, dann erzielen Sie ein gutes Ergebnis.

Ein sehr junger Fuchs.
Überquert den Fluß zu schnell.
Sein Schwanz wird naß.
Demütigend.

Es gibt bessere Pfade als diesen, aber Sie können eigentlich auch hier ans Ziel kommen. Es kann jedoch sein, daß Sie sogar für diese jugendliche Situation ein bißchen zu hastig vorgehen und Ihre Pläne gründlicher überdenken sollten.

Zeit: Zeit für Veränderungen. Seien Sie jugendlich und flexibel. Seien Sie aktiv, aber vernünftig bei dem, was Sie erreichen wollen.

Auf die Bremse treten.
Der schwere Karren muß langsam fahren.

Das Bild wandelt sich von »Fuchs« zu »Karren«. Ein Karren ist schwer, läßt sich nicht manövrieren und transportiert Wertgegenstände. Mit solch einer Ladung sollte man gut planen und vorsichtig vorgehen. Dies ist jedoch eine Zeit des Umbruchs, passen Sie also auf, daß aus Ihrer Vorsicht nicht Trägheit wird.

Zeit: Seien Sie optimistisch und verwirklichen Sie neue Ideen. Es besteht die Verlockung, zu schnell voranzueilen, aber lassen Sie sich Zeit. Finden Sie festen Halt und prüfen Sie Ihre Pläne, bevor Sie den Sprung wagen.

Pfad 6.5/3

Den großen Fluß überqueren.
Bereiten Sie sich vor der großen Überquerung gründlich vor.
Seien Sie während der Überquerung mutig und standhaft.
Ziehen Sie sich nach der Überquerung unauffällig zurück.

Hier geht es oft darum, etwas Neues zu wagen oder etwas, das man schon lange nicht mehr getan hat. Es wird ein paar unbedeutende Probleme geben, aber mit entsprechendem Einsatz werden Sie Ihr Wunschziel erreichen.
Zeit: Eine Zeit des Umbruchs. Schwierigkeiten sind zu meistern, aber lassen Sie sich nicht von mutigem Handeln abhalten, nur weil Sie nicht genau wissen, was Sie tun sollen.

Pfad 6.5/4

Nach der Überquerung.
Machen Sie sich stark für das, was Ihrem Gefühl nach richtig ist.
Drei Zeiteinheiten lang sind Sie erfolgreich.

Dies ist ein sehr guter Pfad, sofern Sie die Begeisterung haben, um ihn auszunutzen. Sie können etwas sehr Lohnendes erreichen, wenn Sie sich jetzt vehement dafür einsetzen. Selbst wenn Ihre Angelegenheiten drunter und drüber gehen, haben Sie die Stärke und Fähigkeit, eine Niederlage in einen Erfolg zu verwandeln.
Zeit: Instabil und aufregend. Sie können in dieser Zeit sehr mutig sein.

Pfad 6.5/5

Wenn Ihre Sache gerecht ist, ist es die Unannehmlichkeiten wert.

Dieser Pfad ist praktisch und absolut unbedenklich, aber so unbequem, daß er keinen Spaß macht. Sein Erfahrungswert ist ebenfalls gering. Es lohnt sich nicht, ihm ohne triftigen Grund zu folgen. Reisen sind unbedenklich.

Zeit: Keine einfache Zeit, aber wenn Sie sich mit wesentlichen Dingen befassen, dann wird es Ihnen gutgehen.

Pfad 6.5/6

Mutige Absichten.
Als hätte man Wein getrunken.
Gefahr und Unannehmlichkeiten.
Seien Sie ein bißchen vorsichtig.
Zum Schluß werden Sie besser dastehen.

Auf diesem Pfad herrscht ein jugendliches Phlegma. Anders als der vorhergehende Pfad ist er ganz und gar nicht unbedenklich, aber viel aufregender. Obwohl Sie die Vorsicht nicht in den Wind schlagen sollten, dürfen Sie sich von ihr auch nicht abhalten lassen, das Leben voll auszukosten. Dieser Pfad kann Ihnen eine wertvolle Lektion für Ihr Leben erteilen.

Zeit: Seien Sie kühn und lassen Sie sich von alten Problemen nicht binden. Machen Sie mit neuen Ideen weiter. Das Wichtigste ist, daß Sie etwas dazulernen, und ein paar Fehler macht man dabei immer.

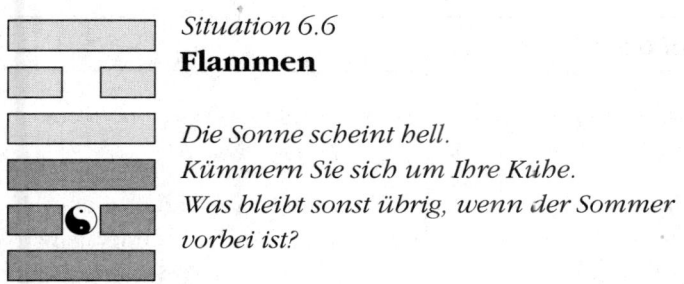

Situation 6.6

Flammen

Die Sonne scheint hell.
Kümmern Sie sich um Ihre Kühe.
Was bleibt sonst übrig, wenn der Sommer
vorbei ist?

Intensität im Haus der Intensität. Soviel Leidenschaft kann doch nicht von Dauer sein!

Die erste Bedeutung bezieht sich auf eine Zeit der Intensität, die bald vorbei ist. Das ist nicht unbedingt schlecht, aber es drohen Gefahren. Wenn Sie sich zu sehr in etwas hineinsteigern, erschöpfen Sie Ihre Ressourcen und vernachlässigen notwendige Aufgaben.

Entstehen die Gefahren im Kopf, kann eine Zeit der Intensität erfreulich und nützlich sein. Kreative Menschen erleben oft kurze Phasen der Erleuchtung, die ihnen die Richtung für langfristige Unternehmungen weisen. Setzen Sie Ihre Energie zur Lösung alter Probleme ein. Perlen sind dazu da, die Eintönigkeit des Lebens zu unterbrechen.

Die zweite Bedeutung hat damit zu tun, die Stabilität im Leben aufrechtzuerhalten. Kühe liefern das ganze Jahr über Nahrung, das bedeutet, Vorräte für die Zukunft anzulegen. Die Kuh ist auch ein friedfertiges Tier. Wenn man das Leben entspannt und gelassen angeht, vergeudet man nicht seine Energie, indem man sich etwa unnötig Sorgen macht. Mit klarem, ruhigem Denken kann man die Vorteile des Sommers voll ausschöpfen.

Pfad 6.6/1

Viele Spuren, denen man folgen kann.
Schreiten Sie voran, solange die Lage es erlaubt.

Sie können mehrere Dinge gleichzeitig erledigen, wenn Sie sich darauf einstellen. Es ist unklug, Verpflichtungen einzugehen, es gibt immer noch Dinge, von denen Sie nichts wissen.
Zeit: Eine geschäftige Zeit. Unterziehen Sie Ihre Alternativen einer Prüfung und erledigen Sie soviel als möglich. Eine gute Zeit, um sich in den Geschäften umzusehen, aber eine schlechte Zeit, um etwas zu kaufen.

Pfad 6.6/2

Das gelbe Licht der Sonne,
Die Welt sieht aus wie Gold.

Dies ist sicher gut für Ferien oder ein kurzzeitiges Vorhaben. Wie lange die Glückssträhne anhält, ist nicht so klar. Strengen Sie sich besonders an, um etwas zu vollenden. Jetzt ist die beste Zeit, um etwas zu kaufen oder zu verkaufen. Etwas, das Sie jetzt haben können, gibt es bald nicht mehr.
Zeit: Eine Weile sehr gut, also genießen Sie die Zeit.

Pfad 6.6/3

Das Feuer lodert und erlischt dann.
Anfangs schlagen Sie auf Töpfe und singen.
Dann zertrümmern Sie sie und heulen vor Enttäuschung.
Sie verfluchen Ihre eigene Dummheit.
Weinen beim Gedanken an hohes Alter und Armut.

Wenn Sie diesem Pfad folgen, läuft zunächst scheinbar alles reibungslos, aber dann merken Sie plötzlich, daß Sie alles verloren haben. Ein verlockendes Angebot wird zu einer Katastrophe führen. Wenn Sie nicht ganz vorsichtig sind, werden Sie nicht nur Ihre Glückssträhne verlieren, sondern alles, was Ihnen wichtig ist. Ist das Unglück erst einmal eingetreten, ist es zu spät. Sie werden umsonst fluchen und schreien. Vermeiden Sie diesen Pfad.

Zeit: Eine schlechte Zeit, Sie geraten leicht in Panik und machen Fehler. Versuchen Sie, die Ruhe zu bewahren und alle Entscheidungen so lange aufzuschieben, bis diese Zeit vorüber ist. Folgen Sie diesem Rat, dann wird Ihnen diese Zeit wenig schaden. Ihre Reichtümer schwinden, distanzieren Sie sich von allen Plänen. Für Aktienkapital erzielen Sie jetzt noch einen recht guten Preis, aber bald wird es wertlos sein.

Verzehrende Flammen.
Hoffnung keimt, wird dann zunichte gemacht.
Die Asche von Träumen wird weggefegt.

Sie müssen sich sofort zurückziehen. Retten Sie, was Sie können, aber warten Sie nicht zu lange damit. Ein verlockendes Angebot ist eine Falle. Ihre ganze Energie und Ihr Geld werden verschwendet, wenn Sie jetzt irgend etwas tun. Verkaufen Sie vor dem Crash.

Zeit: Eine schreckliche Zeit. Alles geht schief, und von allen Seiten wird Druck auf Sie ausgeübt. Zudem sind Sie allzu gefühlsbetont und töricht. Machen Sie möglichst wenig, denn Sie begehen wahrscheinlich enorme Fehler. Vermeiden Sie Reisen und andere Unternehmungen. Wenn Sie sich eine saubere Weste bewahren, normalisiert sich die Lage am Schluß wieder.

Sich in der Hitze plagen.
Schweiß und Tränen,
Stöhnen vor Anstrengung.
Die Anstrengung ist nicht umsonst.

Ein bißchen harte Arbeit schadet nichts, sofern es sich um eine lohnende Sache handelt. Gut für ein ernsthaftes Projekt, aber Ferien ähneln wohl eher einem Feldzug. Rechnen Sie nicht mit großen Erfolgen.

Zeit: Eine arbeitsreiche, belastende Zeit, es gibt möglicherweise Auseinandersetzungen, aber die gehen vorbei. Eine Übergangsphase.

Pfad 6.6/6

Vom Geist erleuchtet.
Am Großen Plan arbeiten.
Marschieren Sie zuversichtlich voran.
Herzen und Schätze erobern.
Viele Menschen profitieren von der Arbeit einiger weniger.

Am Ende der Situation ist es Zeit, Dinge zu vollenden. Großer Lohn wartet auf diejenigen, die kühn handeln. Seien Sie entschlossen, denn die Glückssträhne ist nicht von Dauer. Großzügigkeit wird sich auszahlen.

Zeit: Jetzt gut, genießen Sie sie, aber kalkulieren Sie künftigen Ärger mit ein.

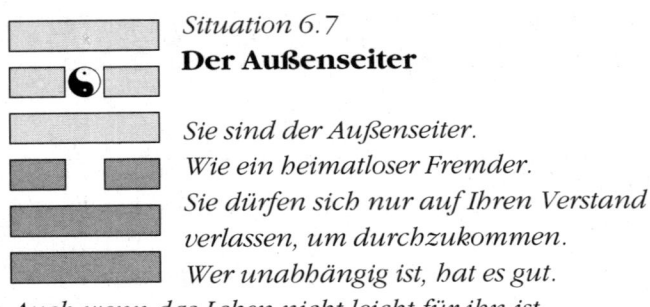

Situation 6.7

Der Außenseiter

Sie sind der Außenseiter.
Wie ein heimatloser Fremder.
Sie dürfen sich nur auf Ihren Verstand
verlassen, um durchzukommen.
Wer unabhängig ist, hat es gut.
Auch wenn das Leben nicht leicht für ihn ist.

Feste Absicht (Stein) im Haus der Intensität (Feuer). Diese Situation bietet ein paar oberflächliche Vorzüge, aber die Intensität möchte eigentlich keinen großen Stein im Haus haben. Und die Feste Absicht fühlt sich niemals so richtig zugehörig zum engen Kreis der Intensität.

Es ist alles in Ordnung, aber es fehlt etwas ganz Wichtiges. All Ihre Unternehmungen sind in irgendeiner Hinsicht nicht sicher vor Enttäuschungen. Dies ist zweifelsohne eine hoffnungslose Situation, doch wenn Sie Ihre Erwartungen herunterschrauben, können Sie ein annehmbares Ergebnis erzielen.

Unabhängigkeit ist ein zweischneidiges Schwert. Etwas nach Ihren Vorstellungen zu tun schenkt Ihnen große Befriedigung, aber ein solches Leben bietet wenig Sicherheit. In dieser Situation bleibt Ihnen keine Wahl: Sie sind der Außenseiter und müssen das Beste daraus machen.

Pfad 6.7/1

Wenn einen nichtige Probleme beschäftigen,
bleibt die Gefahr unbemerkt.

Womit Sie sich beschäftigen, ist Zeitverschwendung. Es gibt
wichtigere Dinge zu tun.

Zeit: Sie sind in einer schwachen Position. Es besteht die Gefahr, daß Sie sich von unbedeutenden Problemen nieder-
zwingen lassen, während wichtige Dinge zu kurz kommen.

Pfad 6.7/2

Ein Reisender findet ein gutes Rasthaus.
Das Gepäck ist sicher.
Es steht sogar ein junger Diener zur Verfügung.

Ein Rasthaus ist kein Zuhause, aber man freut sich trotzdem
darüber. Ein »junger Diener« könnte irgendeine vorüberge-
hende Unterstützung bedeuten. Dies ist kein schlechter Pfad,
und das meiste gelingt, aber Sie sind immer noch der Außenseiter. Dies ist ein bescheidener kurzfristiger Gewinn, aber
mehr auch nicht.

Zeit: Eine Erholungspause während vieler Übergänge. Suchen
Sie sich Freunde.

Pfad 6.7/3

Das Rasthaus brennt ab.
Der Diener läuft weg.
Gefahr.

Auf Bewährtes können Sie sich nicht mehr verlassen. Ändern Sie Ihre Pläne.

Zeit: Sehr gefährlich. Machen Sie einen Bogen um schwierige Menschen, Sie haben schon genug Ärger, den Sie bewältigen müssen. Ehemalige Freunde sind die schlimmsten Feinde.

Pfad 6.7/4

Der Außenseiter findet Unterschlupf.
Bewachen Sie Ihr Eigentum mit einer Axt.
Mein Herz ist traurig.

Schade, daß Sie mit einer Axt neben Ihrem Gepäck stehen müssen. Das ist eindeutig kein Luxushotel. Sie werden Ihre liebe Mühe haben, Ihren Besitz festzuhalten. Es bestehen nur sehr geringe Hoffnungen, irgend etwas anderes zu erreichen. Um das Erreichte zu bewahren, müssen Sie hart kämpfen.

Zeit: Wappnen Sie sich gegen Verluste, meiden Sie schwierige Menschen.

Pfad 6.7/5

Mit einem einzigen Pfeil.
Der Außenseiter tötet den fliegenden Fasan.
Der König ist beeindruckt.
Später gibt es eine Belohnung.

Könige sind nicht immer gut auf Fremde zu sprechen, die ihre Fasanen abschießen. Sie haben die Chance zu einem geschickten Schachzug. Dieser mag dreist sein, aber wenn Sie ihn stilvoll genug angehen, wird man Ihnen verzeihen. Kein schlechter Pfad. Schreiten Sie kühn voran. Reisen sind günstig.
Zeit: Recht glücklich, halten Sie nach Gelegenheiten Ausschau.

Pfad 6.7/6

Das Vogelnest brennt.
Zuerst lacht der Außenseiter.
Dann weint er voller Sorge.
Ein Ochse geht verloren.

Es scheint, als würden Sie das Rennen gewinnen (der Außenseiter lacht), aber Sie übertreiben es, und alles ist verloren (dann weint er voller Sorge). Das heißt: Obwohl Ihre Ziele scheinbar in greifbarer Nähe sind, werden Sie bei dem Versuch scheitern, sie tatsächlich zu erreichen. Etwas läßt sich aber dennoch erreichen, und wenn Sie sich mit zweiter Wahl zufriedengeben können, wird alles gut. Es gibt mehr zu verlieren, als Sie ahnen, seien Sie also sehr vorsichtig. Behalten Sie einen klaren Kopf und hüten Sie sich vor Selbstüberschätzung.

Zeit: Alles läuft gut, aber Ihre Position ist nicht so sicher, wie Sie meinen. Sofern Sie einfühlsam sind und die Dinge leicht nehmen, wird es keine Probleme geben. Wenn Sie aber Ihrer Unruhe nachgeben, werden Sie sich auf irgendeine Weise selbst schaden.

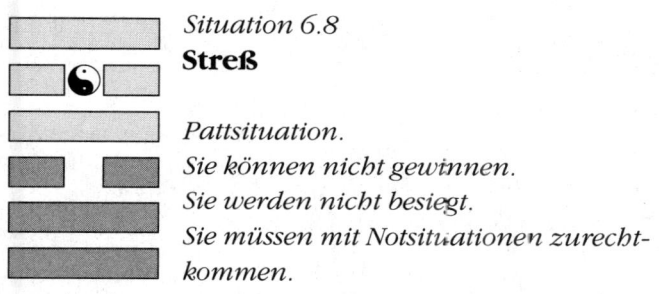

Situation 6.8
Streß

Pattsituation.
Sie können nicht gewinnen.
Sie werden nicht besiegt.
Sie müssen mit Notsituationen zurecht-
kommen.
Bescheidene Fortschritte sind möglich.

Flucht im Haus der Intensität. Keine besonders gute Kombination, die beiden trauen einander nicht. Keiner hat einen entscheidenden Vorteil, daher kann man bestenfalls mit Nettigkeiten rechnen.

Auf diese Situation läßt man sich wohl kaum freiwillig ein. Es geht nicht alles schief, aber Sie können eben nicht tun, was Sie wollen, und vergeuden Zeit. Menschen und Dinge spielen verrückt und handeln oft entgegen ihren Gewohnheiten. In der Praxis bedeutet das, daß sich Reisen verzögern, bis sie sich nicht mehr lohnen, Jobs fehlschlagen und anderes mehr. Sie werden meist auf geringen Widerstand stoßen, und wenn Sie wirklich etwas tun müssen, sollten Sie dazu in der Lage sein. Bewahren Sie die Ruhe und rechnen Sie mit zusätzlichen Anstrengungen und Verzögerungen. Die unwichtigsten Dinge gelingen oft ganz reibungslos.

Pfad 6.8/1

Ein verlorenes Pferd wird zurückkehren.
Sie brauchen nicht nach ihm zu suchen.
Wenn Sie sich in gefährlicher Gesellschaft befinden,
hüten Sie sich vor Fehlern.

Bewahren Sie die Ruhe, selbst wenn alles schiefgeht. Hüten Sie sich davor, den Widerstand gefährlicher Menschen herauszufordern. Das »zurückkehrende Pferd« bedeutet, daß Sie sich nicht um verlorene Dinge zu sorgen brauchen. Aber etwas Großartiges läßt sich nicht erreichen.

Zeit: Dies ist eine der Phasen, in denen scheinbar nichts klappt. Wenn diese Zeit aber vorbei ist, wird sich alles wieder normalisieren, machen Sie sich also keine Sorgen.

Pfad 6.8/2

Wenn Sie einem Prinzen auf Ihrem Pfad begegnen,
helfen Sie ihm.
Machen Sie ansonsten wenig.

Wenn man Sie um Hilfe bittet, werden Sie erfolgreich sein, selbst bei etwas Gefährlichem, aber erwarten Sie keine Belohnung. Sie sollten diesen Pfad im allgemeinen vermeiden: Er ist nicht besonders gefährlich, nur schwierig, doch Sie erreichen nichts.

Zeit: Feinde schafft man sich leicht, und kleine Probleme, die vernachlässigt wurden, weiten sich aus. Bleiben Sie für sich und helfen Sie nur, wenn man Sie darum bittet.

Pfad 6.8/3

Der Wagen wird zurückgezogen.
Der Ochse geht nicht mehr weiter.
Einem Mann werden Haare und Nase abgeschnitten.
Am Schluß verpufft der Ärger.

Dieser Kommentar stammt eindeutig aus einer sehr barbarischen Zeit, als einem Mann die Nase abgeschnitten werden konnte, doch alles geht gut aus! Die Bedeutung hat eher etwas mit einem Gesichtsverlust, einer peinlichen Lage, als mit einer tatsächlichen Verstümmelung zu tun. Auf diesem Pfad kann man nicht viel erreichen.

Zeit: Im allgemeinen ziemlich schlecht, aber wenn Sie Ihren Entschluß bekräftigen und trotz der Schwierigkeiten konsequent arbeiten, wird sich Ihre Lage später bessern.

Pfad 6.8/4

Isoliert bleiben.
Widerstand vermeiden.
Wenn Sie einer gleichgesinnten Seele begegnen,
könnten Sie die Zeit gemeinsam verbringen.

Ziemlich unverblümt: Verschieben Sie Ihre Pläne, gehen Sie anderen aus dem Weg, dann geraten Sie nicht in Schwierigkeiten.

Suchen Sie nach einer Seele, die genauso einsam ist wie Sie, und freunden Sie sich mit ihr an. Dieser Freund muß noch nicht einmal ein Mensch sein, es könnte ein Hobby sein oder irgend etwas anderes, womit Sie sich die Zeit angenehm vertreiben können. Viel läßt sich nicht erreichen.

Zeit: Keine gute Zeit, aber ein paar unauffällige Fortschritte sind möglich.

Pfad 6.8/5 ☺

Man verläßt die Zeremonie.
Aber das Festmahl wird aufgegessen.
Es entsteht kein Schaden.

Auch wenn es ernsthafte Rückschläge gibt, läßt sich doch irgendein Ergebnis erzielen. Alle ehrgeizigen Pläne sind zum Scheitern verurteilt, aber ein paar einfache Dinge funktionieren recht gut.

Zeit: Nicht einfach. Vermeiden Sie Auseinandersetzungen, Schwierigkeiten und hochfliegende Pläne. Tun Sie nur das, was Sie auch ganz gewiß tun können. Kümmern Sie sich nicht um Dinge, die nicht erledigt werden.

Bleiben Sie für sich.
Man spürt, daß die eigenen Gefährten nicht besser sind als schmutzige Schweine.
Ein Wagen scheint voller Teufel zu sein.
Zuerst gibt es Ärger, und Bögen werden gespannt.
Dann wird einem der Irrsinn klar.
Sie sind keine Räuber, sondern wollen sich verpflichten.
Wenn der Regen gefallen ist, kommt der richtige Zeitpunkt.

Das hört sich wie ein Schauermärchen an, ist aber ganz unkompliziert. Wenn Menschen unter Streß stehen, werden alle möglichen unbedeutenden Ärgernisse unerträglich. Ein Freund beispielsweise, der beim Essen schmatzt, wirkt nun wie ein dreckiges Schwein. In dieser Stimmung hält man jeden Fremden für einen Räuber. Zum Glück ist noch genügend gesunder Menschenverstand vorhanden, um einen ernsthaften Krach zu verhindern. Regen kann einen Gefühlsausbruch bedeuten – das reinigt die Luft. Im allgemeinen kein Pfad, den man freiwillig wählt.

Zeit: Halten Sie sich still, dann vergehen die Schwierigkeiten, die Sie durchmachen.

7.

Das Haus der Festen Absicht

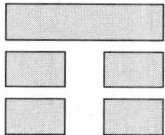

Der Berg durchstößt das Himmelsgewölbe.
Doch das Fundament ist breit.
Selbst der Drache kann es nicht verrücken.
Wenn der Wille stark ist,
ist Perfektion möglich.

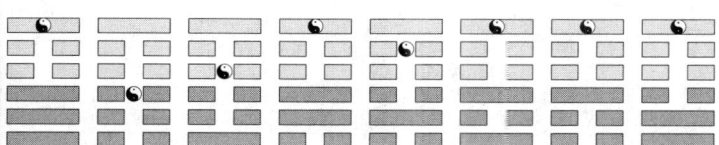

Die Verbindung von Höhe und Stabilität weist auf einen besonders guten Charakter hin. Ein absolut verläßlicher Mensch mit reicher Phantasie kommt dem Ideal sehr nahe. Was das Schicksal angeht, so geht es bei der Festen Absicht darum, Prinzipien treu zu bleiben, hart zu arbeiten und trotz aller Widrigkeiten durchzuhalten. Es ist nicht das vergnüglichste Haus, aber gut geeignet für große Errungenschaften von bleibendem Wert.

Den Drachen bändigen

Sie haben Macht.
Machen Sie keinen Gebrauch davon.
Essen Sie, ohne zu säen.
Dann können Sie den großen Fluß
überqueren.

Herausforderung im Haus der Festen Absicht. Die Feste Absicht ist so stark, daß sie sogar die mächtige Herausforderung bändigt, und das ist gut. Wenn sie wollen, können sie gemeinsam Großes erreichen.

Das Geheimnis dieser Situation ist, sie ohne großen Aufwand und ohne Verpflichtungen auszunutzen. Das kann problematisch sein, denn wenn man Macht hat, ist es verlockend, davon Gebrauch zu machen. Essen, ohne zu säen, bedeutet, die Ressourcen anderer Menschen zu nutzen, was unter den gegebenen Umständen das Richtige ist. Die eigenen Pläne behält man besser für sich. Wenn man seine Energie umsichtig und sparsam einsetzt, kommt einmal der Moment, in dem man stark genug ist, um den großen Strom zu überqueren.

Pfad 7.1/1

Die Gefahr ist nah.
Bewegen Sie sich ganz vorsichtig.

Schwierig, aber erfolgreich. Die Gefahr läßt sich vermeiden; strengen Sie sich nur soviel als nötig an.
Zeit: Wenn Sie umsichtig sind, sollte alles recht gut gelingen aber Fehler könnten zu Einbußen führen.

Pfad 7.1/2

Entfernen Sie die Achse.
Dann ist das Fuhrwerk sicher.

Wenn Sie das Fuhrwerk stillegen, kann es niemand stehlen, und Sie geraten auch nicht in Versuchung, es auf unbesonnene Weise zu benutzen. In der Praxis heißt das oft, daß man mit bescheidenem Einsatz bescheidene Erfolge erzielt, und bestenfalls darauf können Sie hoffen.
Zeit: Behalten Sie Ihre Interessen wachsam im Auge. Sie erreichen etwas, wenn Sie Ihren Aktionsradius einschränken.

Pfad 7.1/3

Ein Pferd, das gut läuft.
Üben Sie sich täglich im Wagenrennen.
Machen Sie vorsichtig weiter.

Auf diesem Pfad sind Sie stark genug, um am Rennen teilzunehmen, aber für den Sieg benötigen Sie Disziplin. Sie dürfen Herausforderungen annehmen, sollten es aber nicht übertreiben. Versuchen Sie, das Leben als Übungsplatz zu betrachten. Bauen Sie schrittweise Geschicklichkeit und Selbstsicherheit auf, denn es besteht ein erhöhtes Risiko.
Zeit: Machen Sie sich auf ungerechtfertigte Angriffe gefaßt und behalten Sie ganz allgemein die Motive anderer Leute im Auge. Seien Sie autoritär, treiben Sie die Dinge vorsichtig voran, dann läuft alles nach Wunsch.

Pfad 7.1/4

Ein Brett, auf die Hörner eines jungen Stiers gelegt,
bewahrt vor späteren Unfällen.
Erfolg.

Wenn Sie jetzt einfache Vorsichtsmaßnahmen treffen, können Sie ein Mißgeschick vermeiden. Versprechen Sie nichts und warten Sie, bevor Sie Ihre Ressourcen angreifen. Dies ist ein guter Zeitpunkt, um ohne viel Aufhebens aus Angelegenheiten auszusteigen, bei denen Sie sich unwohl fühlen.
Zeit: Im allgemeinen positiv. Treffen Sie Vorsichtsmaßnahmen, dann können Sie von dieser Zeit profitieren.

Pfad 7.1/5

Ein junger Eber in einem Pferch.
Kein Schaden.
Ein bißchen Erfolg.

Ein Eber in einem Pferch kann sich oder anderen keinen Schaden zufügen. Ein Pferch ist jedoch sehr einengend, und deshalb ist dieser Pfad nicht so günstig wie der vorige. Hier müssen wir beachtliche Willenskraft aufbringen, wenn wir erfolgreich sein wollen. Sie sollten sich überlegen, ob Sie nicht aussteigen und etwas anderes tun sollten.
Zeit: Üben Sie sich in strenger Disziplin, dann geht alles gut.

Pfad 7.1/6

Zeit, um loszulassen.
Der Himmel weist den Weg.
Großer Erfolg.

Sie können Verlockungen entgehen und Ihre Sorgen vergessen. Die Zeit ist günstig für Reisen und die meisten anderen Vorhaben. Während man auf den beiden letzten Pfaden Gefahren durch Vorsichtsmaßnahmen abwenden kann, erreicht man dies hier, indem man ihnen einfach aus dem Weg geht.
Zeit: Schwierig, aber die Lage bessert sich. Bewahren Sie die Ruhe und machen Sie weiter wie bisher.

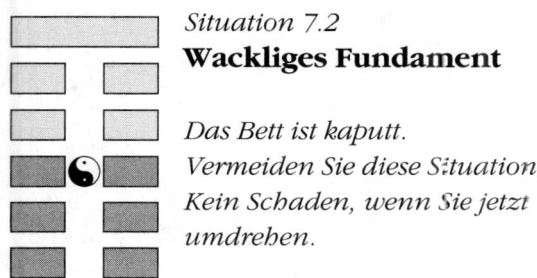

Wackliges Fundament

Das Bett ist kaputt.
Vermeiden Sie diese Situation.
Kein Schaden, wenn Sie jetzt
umdrehen.

Entwicklung (Leere) im Haus der Festen Absicht (Stein). Leere unter einem schweren Stein bedeutet: kein richtiges Fundament.

Dies ist eine unangenehme Situation, denn alle Pfade führen Sie in Gefahr. Je weiter Sie gehen, desto schlimmer wird es. Das Bett symbolisiert Ihre Behaglichkeit und Ihr Wohlergehen, das Sie wiedererlangen müssen, bevor Sie sich irgend etwas anderem zuwenden. Wenn dies eine zeitliche Vorhersage ist, wird um Sie herum alles schiefgehen. Sie können lediglich die Auswirkungen reduzieren. Versuchen Sie, Gefahren auszuweichen. Vielleicht ist es Zeit, sich zurückzuziehen, Urlaub zu machen oder einfach in aller Stille nur ein einziges Projekt voranzutreiben. Es gibt Ärger, weil Sie und Ihre Umwelt durch außergewöhnliche Umstände extremen Belastungen ausgesetzt sind und eigentlich niemand so recht etwas dafür kann. Unter diesen Umständen kann es leicht passieren, daß Sie Dinge tun und sagen, die bleibenden Schaden anrichten. Beherrschen Sie sich, dann wird diese schlimme Zeit ohne größere Verluste vorbeigehen.

Pfad 7.2/1

Der Bettfuß ist gebrochen.
Gehen Sie nicht weiter.

Sie laufen Gefahr, vom Weg abzukommen. Tun Sie nichts
gehen Sie nirgendwo hin. Finden Sie sich vorläufig mit der
Schwierigkeiten ab.
Zeit: Die Schwachpunkte werden erst jetzt allmählich deutlich. Versuchen Sie, sie ausfindig zu machen, solange Sie Zeit
haben, etwas dagegen zu tun.

Pfad 7.2/2

Das Bettgestell ist gebrochen.
Gehen Sie nicht weiter.

Sie laufen Gefahr, vom Pfad abzukommen. Tun Sie nichts,
gehen Sie nirgendwohin. Finden Sie sich vorläufig mit den
Schwierigkeiten ab.
Zeit: Halten Sie an dem fest, was Sie haben, denn es werden
harte Zeiten kommen. Wenn Sie unbeirrt Ihrem Pfad folgen,
brauchen Sie sich keine Sorgen zu machen.

Pfad 7.2/3

Kommt ohne sofortigen Schaden vom richtigen Weg ab.
Sie können ohne Schuld entkommen.
Hilfe ist nah.

Obwohl dieser Pfad, auf Dauer gesehen, zu Ärgernissen führt, bietet er durchaus kurzfristige Vorteile. Sie haben nämlich eine Glückssträhne, auf die Sie sich aber nicht allzusehr verlassen sollten.

Zeit: Es gibt viele Probleme, aber Sie werden glücklich damit fertig.

Pfad 7.2/4

Das Bett ist kaputt.
Die Felldecken ruiniert.
Jede Hoffnung auf eine Pause ist erloschen.

Sie sind vom Weg abgekommen, aber der Schaden hält sich in Grenzen, wenn Sie nicht weitergehen. Sie könnten ernsthaft in Schwierigkeiten geraten, wenn Sie irgend etwas tun oder irgendwohin gehen.

Zeit: Um Sie herum herrscht Chaos, Ihre Mitmenschen rasten förmlich aus. Wenn Sie sich zurückziehen können, dann tun Sie es. Andernfalls bewahren Sie die Ruhe und warten Sie ab, bis der Sturm vorbei ist. Halten Sie sich möglichst aus Streitereien heraus; die Gemüter werden sich erhitzen, und grobe Worte sind unverzeihlich.

Pfad 7.2/5

Ein Fisch an einer Angel.
Ein attraktiver Partner.
Einige Vorteile.
Verpflichten Sie sich zu nichts.

Dies kann ein ziemlich verlockender Pfad sein. Es gibt scheinbar viel zu gewinnen (Fische bedeuten materiellen Gewinn es könnte auch Liebe im Spiel sein). Ein kurzfristiges Projekt würde sich lohnen, aber hüten Sie sich vor Verpflichtungen Wenn Sie auf diesem Pfad weitergehen, wird Ihr Partner Sie im Stich lassen, und dann zappeln *Sie* am Haken.
Zeit: Erhalten Sie sich das, was Sie haben. Hüten Sie sich vor verlockenden Angeboten. Sie brauchen sich nicht zu sorgen wenn Sie sich nicht von Ihrem wahren Pfad abbringen lassen

Pfad 7.2/6

Die Frucht ist giftig.
Die Starken bringen sich in Sicherheit.
Das Haus eines schwachen Menschen wird zerstört.

Meiden Sie Verlockungen. Folgen Sie diesem Pfad nicht. Wenn Sie unbedingt handeln müssen, dann vergewissern Sie sich, daß Sie geschützt sind.
Zeit: Dies ist ein schlechtes Omen für jemanden in einer schwachen Position. Es nahen schlechte Zeiten, und Sie müssen Ausweichmanöver machen. Für eine Person in einer starken Position ist das viel einfacher.

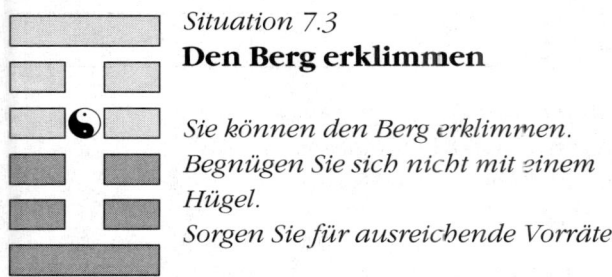

Den Berg erklimmen

Sie können den Berg erklimmen.
Begnügen Sie sich nicht mit einem
Hügel.
Sorgen Sie für ausreichende Vorräte.

Erwachen (Aufwärtsbewegung) im Haus der Festen Absicht (Berg). Das Erwachen liebt Herausforderungen, und was könnte besser sein als eine richtige Kletterpartie?

Bei dieser Situation geht es darum, wichtige Ziele zu erreichen und sich von Schwierigkeiten nicht entmutigen zu lassen. Dazu brauchen Sie eine Menge Schwung und Entschlossenheit. Es mag zwar verlockend sein, sich mit zweiter Wahl zufriedenzugeben, aber das ist ein Fehler. Sorgen Sie dafür, daß Sie alles Notwendige haben, dann kann Sie nichts vom Erreichen Ihres Zieles abhalten.

Pfad 7.3/1

Jammern und klagen Sie nicht, wenn es Ärger gibt.
Sie werden Ihre Zauberschildkröte verlieren.
Kämpfen Sie sich durch den Sturm.
Die Mühe lohnt sich.

Dies ist ein anstrengender Pfad, aber wenn Sie durchhalten liefert er sehr zufriedenstellende Ergebnisse. Er führt Sie durch Schwierigkeiten und läßt Sie manchmal verzagen, aber wenn Sie die Ruhe bewahren und entschlossen bleiben, wird sich ein Weg abzeichnen. Wenn alles vorüber ist, dann wissen Sie, was Sie getan haben. Die Zauberschildkröte symbolisiert Glück, das Sie unter Umständen verläßt, wenn Sie jammern und sich beklagen.

Zeit: Sie haben vielleicht Grund zu Selbstmitleid, aber jetzt ist der Zeitpunkt, um alles in Ordnung zu bringen. Hören Sie auf, Ihre Probleme vor sich her zu schieben, sondern befassen Sie sich damit. Mit Flinkheit und Entschlossenheit überwinden Sie alle Hürden.

Pfad 7.3/2

Nicht auf den Gebirgsausläufern verweilen.
Suchen Sie auf dem Gipfel nach Belohnungen.

Wenn Sie etwas vorhaben, tun Sie es ohne Umschweife und kommen Sie gleich zur Sache.

Zeit: Hier könnte es eine gewisse Verwirrung geben, aber lassen Sie sich nicht von Ihrem wichtigsten Ziel abbringen.

Pfad 7.3/3

Sich vom Gipfel abwenden.
Seine Truppe verlieren.
Um zehn Zeiteinheiten verzögert.

Mit diesem Pfad weichen Sie von dem ab, was Sie eigentlich tun sollten: Folgen Sie ihm nicht. Konzentrieren Sie sich lieber auf Ihre wichtigsten Aufgaben, anstatt Ihren gewohnten Aktionsradius auszudehnen.

Zeit: Unergiebig und schwierig, aber kein Grund zur Sorge, wenn Sie einfach weitermachen.

Pfad 7.3/4

Geradewegs zum Gipfel.
Augen so wachsam wie die eines hungrigen Tigers.
Man hat den Weg gefunden. Glück.

Normalerweise würde man jedem davon abraten, sich immer wie ein hungriger Tiger zu verhalten. Hier jedoch rechtfertigt der Zweck die Mittel.

Zeit: Sie haben vielleicht Ärger, aber es besteht Aussicht auf ein paar gute Gelegenheiten. Überlegen Sie, wie Sie Ihr Leben angenehmer gestalten können.

Nicht viel weiter.
Bald ist der Pfad zu Ende.
Geben Sie sich zufrieden.

Dinge, die Sie im Augenblick tun, lassen sich erfolgreich zu Ende führen, aber ein neues Projekt wird nicht von Dauer sein.

Zeit: Räumen Sie mit alten Problemen auf, dann haben Sie reinen Tisch. Wenn diese Zeit vorüber ist, werden Sie wissen, was Sie tun sollen.

Der Gipfel ist nah.
Bald müssen Sie wieder herunterklettern.
Die Leistung bleibt erhalten.

In der Praxis heißt das, daß Sie wenig Zeit haben, um etwas zu Ende zu bringen, ja vielleicht sind Sie gar nicht in der Lage, etwas nach Ihren Vorstellungen zu erledigen. Trotzdem wird Ihnen die eigene Leistung zugute kommen. Ein Projekt läßt sich möglicherweise nicht verwirklichen, aber es lohnt sich trotzdem.

Zeit: Tun Sie möglichst viel, solange die Umstände günstig sind. Wenn Sie jetzt hart arbeiten, werden Sie etwas von bleibendem Wert erreichen und sich eine Zeitlang ausruhen können.

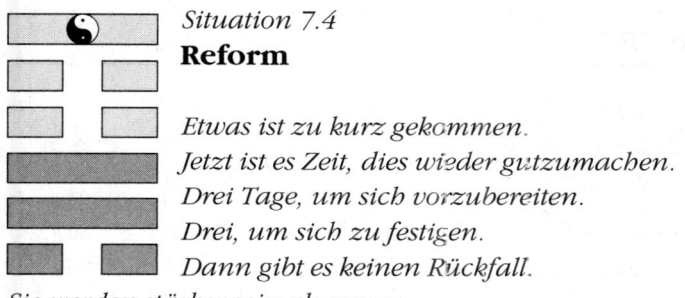

Situation 7.4
Reform

Etwas ist zu kurz gekommen.
Jetzt ist es Zeit, dies wieder gutzumachen.
Drei Tage, um sich vorzubereiten.
Drei, um sich zu festigen.
Dann gibt es keinen Rückfall.
Sie werden stärker sein als zuvor.

Gute Jagd (Wind) im Haus der Festen Absicht (Reglosigkeit).
Die Feste Absicht wird schnell schal, doch die Gute Jagd sorgt
für frischen Wind.

Sie können nicht alles gleichzeitig tun, daher kommt immer
etwas zu kurz. So ist das nun mal im Leben, Sie brauchen sich
oder anderen deshalb keine Vorwürfe zu machen. Machen
Sie sich wieder an die Arbeit, und nach anfänglichem Widerstreben werden Sie erfreut sehen, wie schnell sich die Dinge
zum Besseren entwickeln. Sobald Sie Ihre Reformen abgeschlossen haben, müssen sie Ihnen zur Gewohnheit werden
und sich verfestigen. Danach brauchen Sie sich keine Sorgen
mehr zu machen. Wenn Ihre Frage lautet, ob Sie etwas Neues
anfangen sollen, bedeutet diese Situation meist, daß zuvor
noch ein paar Dinge zu klären sind.

Pfad 7.4/1 ☺

Ein Sohn baut das Haus seines Vaters um.
Ein Neubeginn bringt Glück.

Hier sind eventuell einige grundlegende Veränderungen notwendig, beispielsweise wenn ein Sohn seinen Vater ablöst.
Eingefahrene Gewohnheiten haben zum Zerfall geführt. Beginnen Sie nicht eher mit etwas Neuem, bis Sie Ihre alten
Probleme geklärt haben. Es wäre klug, wenn Sie Verpflichtungen aus dem Weg gehen würden.
Zeit: Dies ist eine gute Zeit, mit sich selbst ins reine zu kommen. Gönnen Sie Ihrem Leben eine Frühjahrskur.

Pfad 7.4/2 ☺

Reformieren wie eine Mutter.
Man braucht ein bißchen Einfühlungsvermögen.

Traditionell folgen Mütter keinen strengen, starren Regeln.
Führen Sie daher nach und nach mehrere kleinere Veränderungen ein und überprüfen Sie diese auf ihre Wirksamkeit.
Zeit: Es gibt eine Menge Schwierigkeiten und ungelöste Probleme in Ihrem Leben. Sie müssen sich geduldig damit befassen. Durch allzu große Hast verschlimmern sich die Dinge,
anstatt besser zu werden.

Pfad 7.4/3

Reformieren wie ein wütender Vater.
Strenge Maßnahmen lösen wenig Reue aus.

Traditionell regeln Väter Dinge ohne viel Federlesen. Der Einsatz von Gewalt ist immer bedauerlich, aber in diesem Fall wird er sich als die richtige Maßnahme erweisen. Kümmern Sie sich um alte Probleme, bevor Sie weitermachen.
Zeit: Schwierig, ruhelos. Man möchte gern weiterkommen, aber zuvor muß man sich um bestimmte Dinge kümmern.

Pfad 7.4/4

Sie sind zu faul!
Handeln Sie wie ein Vater, nicht wie ein verwöhntes Kind.

Zuerst müssen Sie das Durcheinander beheben. Wenn Sie damit nicht sofort beginnen, handeln Sie sich eine Menge Ärger ein. Beginnen Sie nichts Neues. Dies bezieht sich oft auf etwas, das man vorzeitig aufgegeben hat, obwohl man mit etwas mehr Einsatz ein gutes Ergebnis erzielt hätte.
Zeit: Möglicherweise versinken Sie in Apathie und lassen die Dinge schleifen. Sie müssen standhaft sein. Gehen Sie systematisch alle ungelösten Fragen durch.

269

Pfad 7.4/5 ☹

Reformieren wie ein einflußreicher Vater.
Dies ist lobenswert.

Ein einflußreicher Vater braucht nicht viel Kraft einzusetzen sondern lediglich ein paar gut durchdachte Maßnahmen entschlossen in die Tat umzusetzen. Räumen Sie mit alten Problemen auf und unternehmen Sie erst danach wieder etwas Neues.

Zeit: Eine gute Zeit, um sich um all das zu kümmern, was Sie schon lange ärgert.

Pfad 7.4/6 ☺

Den Geist reformieren.
Dienen Sie nicht Prinzen und Königen.
Widmen Sie sich höheren Zielen.

Der Pfad zur Vorzüglichkeit ist kompromißlos. Bei den meisten Dingen muß man die Wünsche seiner Umwelt mit berücksichtigen. Hier geht es aber um ein spirituelles Bedürfnis, und Sie müssen das tun, was Sie für richtig halten – ohne Rücksicht auf die anderen. Unternehmen Sie erst dann wieder etwas Neues, wenn Sie Ihre unmittelbar drängenden Probleme gelöst haben. Es wäre klug, keine Verpflichtungen einzugehen.

Zeit: Tun Sie, was Sie für richtig halten, und lassen Sie sich nicht von anderen beeinflussen, ganz gleich, wie wichtig sie sein mögen.

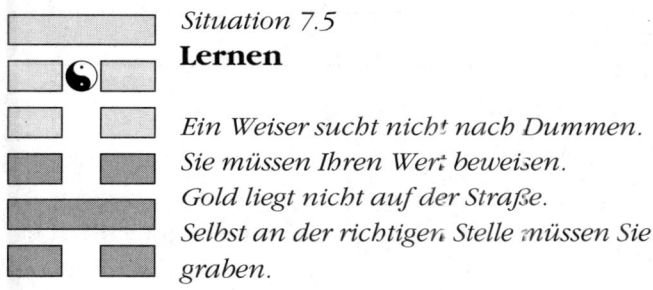

Situation 7.5

Lernen

Ein Weiser sucht nicht nach Dummen.
Sie müssen Ihren Wert beweisen.
Gold liegt nicht auf der Straße.
Selbst an der richtigen Stelle müssen Sie
graben.

Unglück (Wasser, Tiefe) im Haus der Festen Absicht (Entschlossenheit). Diese beiden denken sich gern Dinge aus: solange die Feste Absicht die Verantwortung trägt, läuft alles gut. Das Unglück ist sehr schlau, aber ein bißchen unberechenbar.

Auch nach Ende der Schulzeit lernen Sie immer wieder etwas dazu. Das Leben bietet ständig neue Herausforderungen, Sie müssen lernen oder sterben. Lernen hat zwei Phasen: Zuerst muß man eine Informationsquelle finden und dann von ihr Gebrauch machen. Damit andere Ihnen etwas Nützliches beibringen, müssen Sie Ihre Aufmerksamkeit unter Beweis stellen und zeigen, daß Sie auch in der Lage sind, das Gelernte anzuwenden. Entscheiden Sie, welche Kenntnisse Ihnen am wichtigsten sind, und konzentrieren Sie darauf Ihre Bemühungen. Sie sollten hart arbeiten, sich aber auch Zeit fürs Vergnügen nehmen. Bei allem, was Sie tun, lernen Sie etwas dazu.

Pfad 7.5/1 ☺

Streifen Sie die Fesseln ab.
Amüsieren Sie sich.
Arbeiten Sie dann doppelt so hart.

Nehmen Sie sich frei, solange es geht, denn später gibt es jede Menge Arbeit.

Zeit: In dieser Zeit können Sie nicht sehr viel erreichen, außerdem brauchen Sie etwas Freizeit. Nehmen Sie sich die Zeit, um das Leben zu genießen, machen Sie möglicherweise Urlaub.

Pfad 7.5/2 ☹

Nehmen Sie die Scheuklappen nicht ab.
Kommen Sie Ihren Verpflichtungen nach.
Ertragen Sie dumme Menschen liebenswürdig.
Vielleicht finden Sie einen Partner.

Werden Sie sich über Ihre Prioritäten klar und kümmern Sie sich um wichtige Angelegenheiten. Sie können vertrauenswürdige Menschen finden und ihnen unbedenklich Dinge anvertrauen. Setzen Sie sich mit Charme durch.

Zeit: Bringen Sie frischen Wind in Ihr Leben, lernen Sie etwas Neues. Bleiben Sie auf dem laufenden.

Glitzernde Versuchung.
Führt ins Unglück.
Behalten Sie die Scheuklappen auf.
Konzentrieren Sie sich auf Ihre Absichten.

Übertriebenes Vergnügen oder ungeeignete Beziehungen bedrohen Ihre Absichten. Das Problem ist nur vorübergehend, gehen Sie Versuchungen einfach eine Zeitlang aus dem Weg.

Zeit: Es sieht so aus, als ob nichts passiert, und Sie werden unruhig und ungeduldig. Dann ergeben sich plötzlich alle möglichen verlockenden Dinge. Lassen Sie sich davon aber nicht die Sache verderben.

Pfad 7.5/4

Versuchungen wie Kletten.
Die Ruhelosen bleiben hängen.
Tragen Sie Ihre Fesseln, bis das vorbei ist.

Manchmal nutzt Ihnen kein gutes Benehmen, und Sie können sich nur mit Gewalt aus Ärger heraushalten. Sie werden zwar jetzt fluchen, aber später froh darüber sein.

Zeit: Halten Sie sich ruhig und vermeiden Sie Ärger. Sie und Ihre Mitmenschen sind möglicherweise überreizt. Sie denken nicht mehr logisch, und mit übertriebenem Eifer verausgaben Sie sich nur unnötig. Der Umgang mit anderen Menschen wird schwierig sein. Eine Meinungsverschiedenheit artet schnell aus, entschuldigen Sie sich deshalb jetzt, auch wenn Sie meinen, Sie seien im Recht. Sie könnten in eine unglückliche Beziehung oder ein unglückseliges Projekt hineinschlittern.

Pfad 7.5/5

Endlich der richtige Pfad.
Folgen Sie ihm vertrauensvoll.
Etwas Bedeutendes erwartet diejenigen,
die Scheuklappen tragen.

Die einzige Gefahr hier ist, daß Sie diesem Pfad nicht mit genügend Begeisterung folgen. Wenn Sie sich jetzt einsetzen, werden Sie bald die Vorzüge sehen, die sich langfristig gesehen sogar als noch besser erweisen. Scheuklappen tragen Sie, um sich voll und ganz auf ein begrenztes Aktionsfeld zu konzentrieren.

Zeit: Eine sehr gute Zeit, um etwas zu tun, das Ihnen wichtig ist: nützen Sie sie voll aus.

Pfad 7.5/6

Zu spät, um Fehler zu korrigieren.
Man kann nichts tun.
Ruhen Sie sich aus, und fangen Sie dann von vorne an.

Seien Sie mit sich und anderen nicht zu streng. Sie befinden sich in einer ambivalenten Position. Ergreifen Sie keine rigiden Maßnahmen. Später wird sich alles klären.

Zeit: Eine ruhige Zeit, in der Sie nicht viel erreichen können.

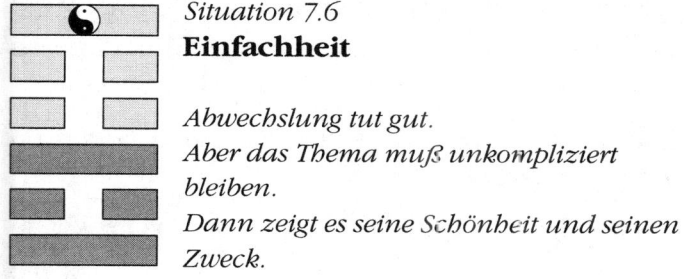

Situation 7.6
Einfachheit

Abwechslung tut gut.
Aber das Thema muß unkompliziert
bleiben.
Dann zeigt es seine Schönheit und seinen
Zweck.

Intensität (Schönheit) im Haus der Festen Absicht. Die Intensität bringt willkommenen Glanz und Abwechslung ins Haus, und wenn die Einfachheit nicht darunter leidet, ist das eine gute Sache.

Kein Mensch kann ohne Abwechslung leben, sie ist ein Grundbedürfnis. Nur ganz wenigen Menschen würde es gefallen, wenn sie jeden Tag genau dasselbe tun. Deshalb sollten Sie aber auf der endlosen Suche nach Abwechslung nicht die ganze Stabilität aufgeben – es muß Ausgewogenheit herrschen. Dieselbe Mahlzeit, jedesmal anders gewürzt, sorgt für dauernden Reiz, ohne ihre Einfachheit einzubüßen, und genau das ist mit dieser Situation gemeint.

Es geht hier darum, kleinere Veränderungen vorzunehmen, die die Grundstruktur verstärken und zum Ausdruck bringen. Auf diese Weise läßt sich etwas im Grunde ganz Einfaches vielen verschiedenen Zwecken anpassen.

Pfad 7.6/1

Glück.
Verlassen Sie die Frachtroute.
Sie können Ihr Ziel zu Fuß erreichen.

Die Situation hat sich eingefahren, Sie brauchen eine Veränderung. Gleich um die Ecke wartet etwas Besseres auf Sie. Die Frachtroute symbolisiert Sicherheit; die Sicherheit müssen Sie hier aufgeben. Zeit für einen Neubeginn. Wenn Sie jetzt mutig sind, können Sie Großes erreichen.

Zeit: Es ist Zeit für radikale Veränderungen. Das Bedürfnis nach Veränderung entspringt oft einer momentan schlechten Lage. Jetzt scheint zwar alles in Ordnung zu sein, aber die Lage wird sich später verschlechtern, wenn Sie nicht etwas Neues ausprobieren.

Pfad 7.6/2

Er verändert seinen Bart.
Es wäre besser, ihn einfach zu belassen.
Unglück.

Es ist besser, sich der Einfachheit zu verschreiben, statt verunstaltende Veränderungen vorzunehmen. Vergeuden Sie Ihre Zeit nicht mit Belanglosigkeiten. Alle Projekte werden ein großer Reinfall sein. Ein Problem wird Ihnen eine Zeitlang Kopfzerbrechen bereiten, sich dann aber lösen.

Zeit: Allgemein eine schlechte Zeit. Wenn Sie sich auf Ihre Arbeit konzentrieren und hart mit sich sind, geht alles gut.

Pfad 7.6/3

Zuviel Wein.
Die Einfachheit geht verloren.
Machen Sie ruhig weiter, dann wird alles gut.

Nach Alkoholgenuß wird man übermäßig glücklich oder traurig. Lassen Sie sich nicht von törichten Gefühlen überwältigen. Jedes Projekt wird eine große Enttäuschung sein.
Zeit: Eine Zeit der Verlockungen und Genüsse. Wenn Sie sich auf Ihre Arbeit konzentrieren und nicht ins Schwelgen geraten, wird alles gut.

Pfad 7.6/4

Ein weißes, geflügeltes Pferd.
Schlicht, doch wunderschön.
Die Ehe ist glücklich.

Das Gleichgewicht von Schlichtheit und Abwechslung hat sich eingestellt, und es winkt Ihnen Glück.
Zeit: Gut. Halten Sie nach neuen Möglichkeiten Ausschau.

Pfad 7.6/5

Eine Hochzeit in einem Garten inmitten von Hügeln.
Das Paar trägt ärmliche Kleidung.
Ihre Herzen sind ehrlich.

Hier zählt Ehrlichkeit mehr als Pracht. Die Hochzeit findet in der Natur statt – vermutlich kann sich das Paar keinen Saal leisten. Die materiellen Ressourcen sind beschränkt, aber ausreichend. Auch wenn das Leben nicht leicht sein wird, wird die Liebe ihren Weg finden. Geben Sie sich mit weniger als erhofft zufrieden, mehr können Sie nicht bekommen.

Zeit: Leben Sie einfach und würdevoll weiter. Genießen Sie die Vergnügungen, die Sie sich leisten können. Sorgen Sie sich nicht um materielle Dinge, irgendwie kommen Sie schon über die Runden.

Pfad 7.6/6

Abwechslung verstärkt die Schlichtheit.
Bleibender Vorteil.
Glück.

Sie können einige nützliche Ergänzungen vornehmen.
Zeit: Gut. Sie sind auf der richtigen Fährte und haben fast alles, was zum Erfolg nötig ist; ein paar Ergänzungen werden Ihre Pläne vervollkommnen.

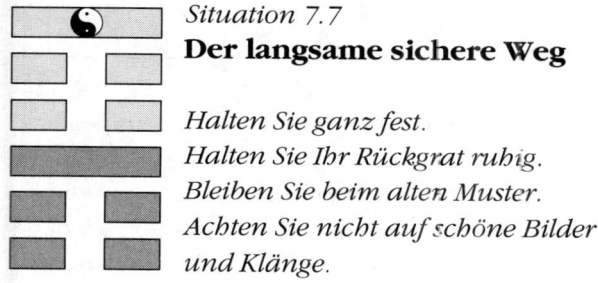

Situation 7.7
Der langsame sichere Weg

Halten Sie ganz fest.
Halten Sie Ihr Rückgrat ruhig.
Bleiben Sie beim alten Muster.
Achten Sie nicht auf schöne Bilder
und Klänge.

Feste Absicht (Stein) im Haus der Festen Absicht (Stein). Dies ist eine sehr solide, verläßliche Beziehung, auf der sich viel aufbauen läßt.

In dieser Situation ist es wichtig, daß Sie sich auch weiterhin auf Ihre derzeitige Tätigkeit konzentrieren. Es mag vielfach verlockend sein, etwas zu verändern, aber das bringt Ihnen nur Schwierigkeiten. Vermeiden Sie es, Leuten Dinge zu sagen, die sie nicht hören wollen. Das ist vielleicht unehrlich, aber in diesem Moment gerechtfertigt. Obwohl diese Situation etwas mit Stillhalten zu tun hat, sollten Sie durchaus Ihren Aktivitäten nachgehen. Reisen sind gut, sofern sie zu Ihrem Gesamtplan gehören.

Ganz gleich, was Sie tun, Sie sollten entschlossen, ruhig und beharrlich damit fortfahren.

»Nicht auf Klänge achten« bedeutet, daß nichts Sie beirren kann, wenn Sie fest entschlossen sind.

Pfad 7.7/1

Rastlose Zehen.
Kommen Sie nur nicht vom Pfad ab.

Sie sollten den langsamen, sicheren Weg auf keinen Fall verlassen. Gehen Sie nicht weiter. Steigen Sie rechtzeitig aus.
Zeit: Sie sind in einer schwachen Position und können nur mit viel Geduld Ihre Stärke aufbauen.

Pfad 7.7/2

Rastlose Füße.
Halten Sie Ihre Beine ruhig.
Schade, daß das notwendig ist.

Bleiben Sie so, wie Sie waren. Es mag verlockend sein, sich auf etwas Neues einzulassen, aber das lenkt Sie nur ab. Hier beginnen sich die Instinkte (Füße) zu regen, und der Verstand (der die Beine beherrscht) muß dies gewaltsam unterbinden. In den meisten Fällen ist es gut, den Instinkten zu folgen, deshalb ist es schade, daß man ihnen Fesseln anlegen muß. Wenn Menschen, mit denen Sie zu tun haben, unbedingt Dummheiten machen wollen und sich nicht von Ihnen davon abbringen lassen, dann ist auch das schade. Aber immer noch besser, als Spielverderber bezeichnet zu werden, als einen Riesenfehler zu begehen.
Zeit: Nicht einfach. Vor Ihnen liegt ein langer, langwieriger Pfad, den Sie gerne abkürzen würden. Sie müssen aber unbedingt auf dem langsamen, sicheren Weg bleiben.

Pfad 7.7/3

Wenn Ihre Hüften zu unbeweglich sind.
Sie werden sie brechen, bevor Sie sich bücken.
Befreien Sie Ihr Herz von falschem Stolz.

Entspannen Sie sich. Mit Entschlossenheit gehen Sie Konfrontationen aus dem Weg, aber mit Starrheit lösen Sie welche aus. Gehen Sie nicht weiter.

Zeit: Sie werden viele Schwierigkeiten haben und könnten emotional – oder sogar körperlich – verwundet werden. Der Kern des Problems ist, daß Sie den richtigen Lebensweg noch nicht gefunden haben, und so lange werden Sie leiden. Mit größerer Sanftmut und mehr Flexibilität können Sie viel Schaden vermeiden. Sie müssen anderen gegenüber Verständnis aufbringen, auch wenn sie Ihnen wehtun. Geben Sie nach und vermeiden Sie Auseinandersetzungen, auch wenn Sie im Recht sind. Nehmen Sie, was Ihnen geboten wird, auch wenn es weniger ist, als Ihnen gebührt. Dies ist eine glücklose Zeit für Sie, und mit Kämpfen verlieren Sie alles.

Pfad 7.7/4

Den Körper ruhig halten.
Sie sind auf der richtigen Fährte.
Die Gefahr geht langsam vorüber.

Machen Sie weiter wie bisher. Sie sind auf dem richtigen Pfad, und das Ende ist in Sicht.

Zeit: Sie haben viele Probleme und packen sie richtig an.

Langfristig gesehen werden Sie Erfolg haben. Haben Sie Geduld und bleiben Sie konsequent.

Pfad 7.7/5

Den Mund halten.
Die Gedanken ordnen.
Die Gefahr geht bald vorüber.

Bleiben Sie auf Ihrem Pfad. Die Gefahr ist so gut wie vorüber. Sie müssen einfach noch ein bißchen länger stillhalten. Sie meinen vielleicht, Sie müßten etwas sagen oder tun, aber wenn Sie den Mund aufmachen, richten Sie nur Schaden an. Wenn Sie sich still verhalten, wird alles gut.

Zeit: Obwohl Sie viele Probleme haben, packen Sie sie richtig an, und langfristig werden Sie sehr erfolgreich sein, wenn Sie wie bisher weitermachen. Doch denken Sie daran, sich nicht von anderen beeinflussen zu lassen.

Pfad 7.7/6

Fest entschlossen.
Verlassen Sie den Hof.
Sie können den Himmel erreichen.

Ihre Arbeit zahlt sich aus. Sie können alles tun, wozu Sie Lust haben. Alles funktioniert reibungslos.

Zeit: Jetzt ist der Zeitpunkt gekommen, um den Lohn für geduldige Bemühungen zu ernten. Genießen Sie diese Zeit und nutzen Sie die sich bietenden Vorteile.

Situation 7.8
Der Bann ist gebrochen

Im Mondlicht ist der Berg ein Märchen-schloß.
Bei Tageslicht zeigt sich kaltes, graues Gestein.
Der alte Weg verfällt, geben Sie ihn auf.
Ein Neubeginn bringt Glück.
Nehmen Sie zwei kleine Schüsseln.
Opfern Sie den Rest.

Flucht (Mund) im Haus der Festen Absicht (Faust). Die Faust hält zu fest, die Flucht lehrt sie, loszulassen. Hat man das Alte hinter sich gelassen, kann das Neue beginnen.

Was Sie momentan beschäftigt, wird vergehen, und Sie sollten sich Gedanken um einen Neubeginn oder eine General-überholung machen. Dies bedeutet einen Statusverlust und Leistungsabfall, vielleicht müssen Sie auch ganz von vorn anfangen, aber auf die Dauer wird sich das reichlich auszahlen. Hier wird der Kern der Wahrheit der Dinge offensichtlich, Sie sehen die Welt, Orte und so weiter. Zwar wirkt der Berg bei Tag nicht so prunkvoll, aber er läßt sich viel leichter erklimmen. Diese Situation eignet sich gut dafür, Dinge realistisch zu betrachten und nüchterne Urteile zu treffen.

Man könnte es auch so sehen, daß man erst etwas loslassen muß, bevor man nach etwas Neuem greifen kann. Nur so kann man eine neue Richtung einschlagen. Sie können nicht alles festhalten, was Sie je besessen haben, irgend etwas müssen Sie zurücklassen. Das ist die wahre Bedeutung des Wortes Opfer: das weniger Wertvolle aufgeben, um das Größere zu bekommen. In Schüsseln sammeln Mönche Essensspenden – ein Symbol dafür, nur das Allernotwendigste zu nehmen.

In dieser Situation bleiben Ihnen Schmerzen wahrscheinlich nicht erspart, aber wenn Sie jetzt die richtige Wahl treffen, haben Sie langfristig gesehen gute Aussichten. Wenn sie sich konzentriert nur für das einsetzen, was sie gut können, können selbst die einfachsten Menschen Großartiges zuwege bringen.

Diese Situation kann sich auch darauf beziehen, daß man strenge Verhaltensregeln aufgibt und sich amüsiert. In Gefühlsbeziehungen ist sie schwer zu deuten; manchmal bedeutet sie, sich nicht mehr einzuschränken, sondern sich der Leidenschaft hinzugeben. Andererseits kann sie auch bedeuten, daß man sich von jemandem trennt.

Bei einer Zeitvorhersage sollten Sie versuchen, nicht mehr so viel Unwesentliches zu tun, sondern Ihren Hauptaktivitäten mehr Beachtung zu schenken. Helfen Sie möglichst oft anderen Menschen.

Pfad 7.8/1

Es ist gut, bald weiterzuziehen.
Beenden Sie wichtige Aufgaben und gehen Sie dann.
Zögern Sie nicht zu lange.
Ein bescheidenes Opfer genügt.

Dieser Pfad bietet vielleicht keinen großen Erfolg, aber eine Chance, um alte Probleme hinter sich zu lassen. Der genaue Zeitpunkt zum Handeln variiert, es könnte jetzt oder später sein, das entscheiden Sie selbst. Ein neues Projekt klappt, die Geschäfte bringen bescheidenen Erfolg.
Zeit: Eine schwierige Übergangszeit. In dieser Zeit werden Sie Ihre Vorstellungen revidieren und vieles neu gestalten müssen. Dies kann ein stimulierender Pfad sein, der gut für Veränderungen und Reisen ist.

Pfad 7.8/2

Sanft loslassen.
Gehen Sie nicht wie eine marschierende Armee vor.
Stehen Sie Veränderungen gelassen durch.

Das Neue sollte sich nahtlos aus dem Alten ergeben. Entscheiden Sie, was Sie tun wollen, geben Sie alles auf, was Sie davon abhält.
Zeit: Eine Zeit des langsamen Verfalls. Aber es bleibt Zeit für einen Neubeginn.

Pfad 7.8/3

Unter dem edlen Tuch eine armselige Opfergabe.
Drei verreisen, aber einer geht verloren.
Ein einsamer Reisender findet einen Freund.

Nicht viel Erfolg in dieser Richtung; doch wenn Sie diesem Pfad folgen, dann gehen Sie ihn beschwingt.

Zeit: Trauer und Verlust. Auf das, was Sie für zuverlässig hielten, können Sie nicht bauen. Hier haben wir den Kern der Situation vor uns, eine große Gruppe oder jemand, der viel besitzt, wird Verluste erleiden. Wer nichts besitzt, wird gewinnen. Wenn Sie auf diesem Pfad erfolgreich sein wollen, lassen Sie Ihr gesamtes Gepäck – sowohl das emotionale wie auch das materielle – stehen. Ziehen Sie eine Reise oder einen Neubeginn in Betracht.

Pfad 7.8/4

Weniger Fieber bringt Genesung.
Weniger Groll bringt Glück.

Weniger Intoleranz bringt Freundschaften. Bevor Sie handeln, sollten Sie darüber nachdenken, ob Ihre Pläne wirklich sinnvoll sind. Es ist besser, etwas loszulassen, als es festzuhalten.

Zeit: Was Sie derzeit tun, wird wahrscheinlich nicht gutgehen, doch mit einem Kurswechsel werden Sie erfolgreich sein.

*Das Unbedeutendere loslassen, um das Bedeutendere
festzuhalten.*
Zehn Orakelschildkröten stimmen zu.
Es ist günstig zu handeln.

Schildkrötenpanzer verwendete man früher für Weissagungen. Das Prinzip ist hier wohl, daß Sie mit richtigem Handeln immer ein gutes Ergebnis erzielen werden; alle Orakel werden dieselbe Aussage treffen. Folgen Sie dem Rat dieses Pfads, dann wird Ihnen das Glück treu sein.

Zeit: Eine gute Zeit für einen Neuanfang. Überlegen Sie, welches die wichtigsten Tätigkeiten in Ihrem Leben sind, intensivieren Sie diese und reduzieren Sie alles Übrige. Das bringt Ihnen viel Glück.

*Wenn Sie gewinnen können, indem Sie anderen helfen,
werden andere Ihnen dienen.*
Verlassen Sie die alten Wege.

Jetzt ist eine gute Zeit, um sich nützlich zu machen, Sie werden belohnt werden.

Zeit: Versuchen Sie, in die Welt hinauszugehen und sich nützlich zu machen. Mit uneigennützigem Verhalten läßt sich eine Menge erreichen.

8.

Das Haus der Flucht

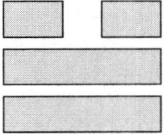

Der See ist geheimnisvoll.
Das Firmament, das sich auf seiner Oberfläche
spiegelt, gibt sein inneres Wesen nicht preis.
Im nebligen Sumpf leben die Geächteten
in Sicherheit.
Vorzüglichkeit erreicht man, indem man
dem Gewöhnlichen entkommt.

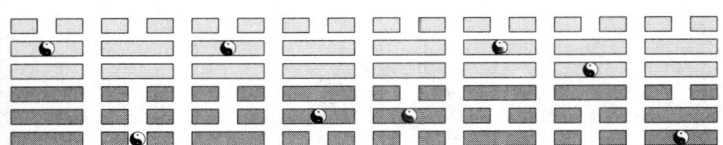

Der Begriff Flucht ist etwas schwer verständlich. Man macht uns glauben, unseren Wert dadurch zu beweisen, daß wir den Ansprüchen unserer Freunde, unserer Familie und der Gesellschaft genügen. Es gilt als löblich, seine Ängste und Wünsche zu unterdrücken und anderen zu dienen, doch in Wahrheit ist das nur Bequemlichkeit. In vielen Fällen ist es gut, dem Pfad der Bequemlichkeit zu folgen, aber es kommt der Zeitpunkt, an dem Sie dem Schicksal, das andere für Sie vorgesehen haben, entkommen und eigene Wege gehen müssen. Denken Sie an den Soldaten, der weiß, daß ihm der Tod droht, und der einfach desertiert, um ein neues Leben zu beginnen – ist das tapfer oder feige? Weisheit ist es zu wissen, wann man genug getan hat; Mut ist, seinem Herzen zu folgen. In der Praxis bedeutet das, Stärke durch das zu finden, was man gerne tut, und sich von den Vorschriften anderer Menschen freizumachen. Beispielsweise wird jemand, dem das Schauspielen im Blut liegt, niemals glücklich werden, wenn er sich nicht durch das Schauspielen ausdrücken kann. Nur wenn wir unsere Ängste überwinden und unserem wahren Wesen folgen, können wir den betäubenden Einflüssen des Lebens in der irdischen Welt entfliehen.

Situation 8.1
Vor Niederlagen flüchten

Die Armee, die viele Siege errungen hat,
sieht einer Niederlage entgegen.
Kämpfen ist sinnlos.
Das Ende ist nahe, steht aber nicht
unmittelbar bevor.
Es besteht kein Grund für Panik.
Wenn man sich rechtzeitig zurückzieht, ist die
Situation gerettet.
Man verliert zwar an Territorium, bringt aber Leben
und Schätze in Sicherheit.

Herausforderung im Haus der Flucht. Diese beiden vertragen sich überhaupt nicht; die Herausforderung wird versuchen, die ausweichende Flucht bei passender Gelegenheit zu verletzen.

Dies ist eine gefährliche, instabile Situation. Sie haben sich in schwierigen Umständen bewährt und einiges erreicht, aber das Blatt wendet sich zu Ihren Ungunsten. Wenn Sie sich energisch zurückziehen, bevor der Sturm losbricht, können Sie den Großteil Ihrer Beute behalten und Ihre Ehre verteidigen. Ein verspäteter Rückzug bringt Schande und Ruin über Sie. Wenn Sie trotz der Gefahr Ruhe bewahren und Konflikte vermeiden, wird alles erfolgreich enden. Kurz vor dem Ende gelingt häufig alles, so daß sich Dumme in falscher Sicherheit wiegen. Sie können von dieser Ignoranz profitieren, wenn Sie Ihre Geschäfte clever handhaben. Es ist eine gute Zeit, um sich aus weltlichen – materiellen – Dingen zurückzuziehen. Wenn

Sie ein Geschäft besitzen, verkaufen Sie es. Sie werden einen guten Preis dafür erzielen, und bald wird es nichts mehr wert sein. Sie müssen sehr vorsichtig damit sein, wem Sie vertrauen, und sollten bis zu dem Augenblick, in dem Sie sich zurückziehen, zuversichtlich wirken. Sobald Sie im sicheren Zuhause sind, kann Ihnen die Gefahr nur noch wenig anhaben.

Wenn sich Ihre Frage um ein neues Projekt dreht – es wird scheitern. Ein laufendes Projekt wird Schwierigkeiten bereiten und muß möglicherweise aufgegeben werden. Familie und Freunde müssen Sie diplomatisch behandeln. Sie können zu Geld kommen, werden es aber ebenso schnell wieder verlieren. Reisen sind nicht zu empfehlen, und es besteht allgemein ein Unfall- und Verlustrisiko. Machen Sie es sich doch zu Hause bequem und überlassen Sie die Arbeit und die Sorgen anderen.

Sie erhalten diese Antwort oft dann, wenn sich Schwierigkeiten zuspitzen und Sie nichts dagegen tun können. Sie können jedoch beiseite treten, dann muß sich ein anderer damit auseinandersetzen. Wenn Sie die schlimmsten Gefahren vermeiden, werden Sie nach Ablauf dieser Zeit sehr erfolgreich sein.

Pfad 8.1/1

An den Zehen verletzt.
Zu schwach zum Kämpfen.
Bleiben Sie zu Hause, da sind Sie sicher.

Schränken Sie Ihre Aktivitäten ein, Sie erreichen damit gar nichts. Unterdrücken Sie alle ruhelosen Wünsche, kleine Tollheiten können ernsthafte Konsequenzen haben. Hüten Sie sich vor Unfällen. Eine »Verletzung der Zehen« ist nicht sehr schlimm, aber sie hindert Sie am Weiterkommen.
Zeit: Die Welt ist voller Schwierigkeiten, und Sie sind nicht stark genug, um zu helfen. Tun Sie möglichst wenig, dann passiert Ihnen auch wenig. Hüten Sie sich vor Unfällen.

Pfad 8.1/2

Am Bein verletzt.
Schreckensschreie.
Nachts kämpfen.
Ziehen Sie sich rechtzeitig zurück, dann brauchen Sie sich nicht zu fürchten.

Sie sind im Moment stark und beherrscht, aber die Katastrophe braut sich zusammen. Sie müssen sich rechtzeitig zurückziehen. Wie ein Börsenmakler, der vor dem Crash verkauft, können Sie sowohl Ihre Freunde als auch sich selbst in Sicherheit bringen. Egoismus ist nicht gut. Schreie und Kämpfe sind an sich nicht schlimm, sie sind aber schlechte Vorzeichen für die Zukunft.

Zeit: Scheinbar ganz gut, aber Sie verlieren leicht die Früchte Ihrer Arbeit. Schwierigkeiten werfen ihre Schatten voraus, ignorieren Sie sie nicht. Sie werden sich mit List und Entschlossenheit aus der Gefahr ziehen müssen. Zu Hause ist es am sichersten; wenn Sie sich von Verpflichtungen befreit haben, können Sie sich dort ausruhen. Hüten Sie sich vor Unfällen.

Pfad 8.1/3   ☹ ☹

Im Gesicht verletzt.
Naß bis auf die Knochen.
Ziehen Sie sich zurück, sonst blamieren Sie sich.

Die Anspielung auf das Gesicht bedeutet, daß Sie sich mit Ihrem hartnäckigen Stolz töricht einer Gefahr aussetzen, die Sie meiden sollten. Blamabel ist, daß Sie Ihre Freunde im Stich lassen, weil Sie sich nicht in Sicherheit bringen wollen. Das darf nicht passieren! Ziehen Sie sich zurück, dann wird alles gut.

Zeit: Unerfreulich, alles wird schiefgehen. Wenn Sie jedoch so oft als möglich der Gefahr aus dem Weg gehen, lassen die meisten Probleme Sie kalt. Wahrscheinlich sind Sie unruhig und möchten Probleme direkt anpacken, doch das endet in der Katastrophe. Wenn der Sturm vorüber ist, kommen wieder gute Zeiten. Zu Hause sind Sie am sichersten. Hüten Sie sich vor Unfällen.

Keine Haut auf den Fußsohlen, besteht aber darauf zu laufen.
Taub und dümmer als ein Schaf.
Beachten Sie diese Warnung, dann passiert Ihnen nichts.

Lassen Sie Ihre Pläne fallen, ziehen Sie sich aus der Affäre. Verhindern Sie, daß Stolz oder Verpflichtungen Ihren Selbsterhaltungstrieb schwächen. Jemand, der »keine Haut auf den Fußsohlen« hat, sollte nicht laufen. Ein Schaf, das sich verirrt hat, findet instinktiv nach Hause, aber wenn jemand stur ist, hört er nicht auf Ratschläge. Diese blumige Sprache bedeutet: Sie sind scheinbar verpflichtet, etwas zu tun, doch wird Ihnen ein unangenehmes Mißgeschick widerfahren, wenn Sie dies tun. Wenn Sie diesen Rat befolgen, können Sie Gefahren durchaus vermeiden.

Zeit: Vermeiden Sie es möglichst zu handeln, auch wenn es aussieht, als müßten Sie agieren, dann passiert Ihnen nichts. Wenn diese Zeit vorüber ist und Sie Ärgernissen erfolgreich aus dem Weg gegangen sind, läuft wieder alles reibungslos. Zu Hause sind Sie am sichersten. Hüten Sie sich vor Unfällen.

Behende wie eine Ziege.
Entkommt mühelos.

Dies ist ein drastisches Omen, es kann Ihnen zeigen, wie Sie Ihren Verpflichtungen entkommen können. Es ist gut, zu verreisen oder etwas Neues zu beginnen. Falls Sie wenig Verpflichtungen haben, wenn Schwierigkeiten auftreten, können Sie ungehindert weitermachen. Leuten, mit denen Sie zu tun haben, wird ein Unglück passieren; Sie sind nur am Rande beteiligt, tragen daher keine Verantwortung. Es steht Ihnen frei, sich anderen, besseren Dingen zuzuwenden.

Zeit: In dieser Zeit gibt es eine Gelegenheit, die Sie beim Schopf packen sollten. Wenn Ihnen das mißlingt, werden Sie es bereuen.

Pfad 8.1/6 ☺

Auf die Abreise warten.
Kein Warnschrei.
Die Tränen vergißt man.

Es ist zwar schwierig für Sie, ausgerechnet jetzt zu entkommen, aber es wäre gut, darauf vorbereitet zu sein.

Zeit: Dies ist eine Zeit, in der eine baldige, schnelle Flucht besonders wichtig ist. Aber meist müssen zuvor noch ein paar Dinge erledigt werden. Es besteht die Gefahr, daß Sie in Panik geraten und versuchen, vorzeitig zu entkommen. Haben Sie Geduld, seien Sie entschlossen, dann reicht diese eine Warnung aus.

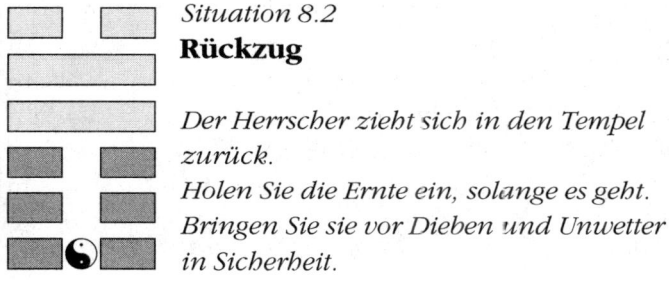

Situation 8.2
Rückzug

Der Herrscher zieht sich in den Tempel zurück.
Holen Sie die Ernte ein, solange es geht.
Bringen Sie sie vor Dieben und Unwetter in Sicherheit.

Entwicklung (Ernte) im Haus der Flucht (Herbst). Diese Archetypen haben beide mit dem Herbst zu tun, einer Zeit, in der man die Ernte einholt und sich zurückzieht, bevor der Winter beginnt.

Sich zurückziehen bedeutet hier einen geordneten, geruhsamen Rückzug. Man nimmt alles Notwendige mit und hat vor der Abreise alles erledigt. Dieser Rückzug ist schwierig, aber sehr umfassend und befriedigend, weil man nicht viel zurückläßt.

Der Rückzug aus einer Sache führt zum Beginn einer anderen. Bestenfalls haben wir die Gelegenheit zu einer umfassenden persönlichen Transformation, indem wir unseren wahren Weg finden. Der wahre Weg steht meist für Dinge, die Sie besonders gut können und die Sie schon immer wirklich tun wollten. Die Taoisten glaubten, daß alles Unglück daher rührt, daß man vom wahren Weg abgewichen ist. Dies mag recht esoterisch klingen, aber dies ist eine ziemlich mystische Situation. Einfach formuliert: In dieser Situation geht es darum, etwas zu vollenden und sich dann etwas anderem, Besserem zuzuwenden.

Sie sind sich nicht sicher.
Ist es ein Rückzug? Ist es ein Voranschreiten?
Sie verlieren den Halt, finden ihn aber wieder,
stärker als zuvor.
Sie lachen, es gibt keinen Grund, sich zu fürchten.

Hier herrscht etwas Verwirrung darüber, was man tun sollte. Ein Rückzug ist gut, aber manchmal läßt sich schwer erklären, inwieweit er sich vom Voranschreiten unterscheidet, und das ist schlecht. Haben Sie sich einmal entschlossen, werden Sie Ihre Absichten stärker als zuvor verfolgen. Letztendlich müssen Sie diesen Pfad gemäß den Umständen interpretieren, in denen Sie sich befinden.

Zeit: Eine schwierige Zeit mit großem Kraftpotential. Vielleicht ist Ihr Leben langweilig und unkoordiniert geworden. Dies ist eine gute Zeit, um Ihre Bemühungen auf das zu konzentrieren, was Sie wirklich am besten können. Dann können Sie Ihr Leben zum Besseren verändern.

Pfad 8.2/2

Gestatten Sie sich den Rückzug.
Eine ehrlich gemeinte kleine Opfergabe.
Glück.

Prüfen Sie jedes Angebot gründlich, bevor Sie handeln. Geringer Einsatz bringt bessere Ergebnisse als großer.

Zeit: Eine gute Zeit zum Nachdenken und Studieren. Überlegen Sie, wie Sie Ihr Leben langfristig verbessern können. Eine kleine Opfergabe bedeutet, daß Sie keine großen Opfer zu bringen brauchen, denn wichtig ist vielmehr eine respektvolle Einstellung.

Pfad 8.2/3

Schwerfällig bei Rückzug.
Tränen und Seufzer.
Es ist nicht Ihre Schuld, aber es kommt nichts Gutes
dabei heraus.

Pläne, an denen andere beteiligt sind, werden im Durcheinander enden. Sie gehen zwar richtig vor, aber die Umstände oder die Umwelt stehen Ihnen einfach im Weg. Setzen Sie unabhängig davon Ihr Leben fort. Ein Projekt wird scheitern. *Zeit:* Ungewiß, vermeiden Sie Streit. Nichts gelingt, Sie erleiden nur Verluste und Unglück. Mit Studium und Übungen zum persönlichen Wachstum machen Sie in dieser Zeit jedoch gute Fortschritte. Hüten Sie sich vor Diebstahl.

Pfad 8.2/4

Rückzug, kein Weiterkommen.
Der Versuch, mehr in die Hände zu bekommen,
bringt dauerhaften Schaden.
Eine Gefahr läßt sich immer noch mühelos vermeiden.

Etwas sehr Verlockendes hat sehr schlimme Folgen, doch wenn Sie es vermeiden, werden Sie sehr viel Glück haben.

Gewaltsames Vorandrängen führt zu einem Unglück, das Ihnen lange nachhängt. Schlagen Sie sich die Sache jetzt aus dem Kopf, dann ist alles in Ordnung. Mit jedem Plan handeln Sie sich nur Ärger ein. Vermeiden Sie es, einzugreifen.

Zeit: Eine Übergangszeit. Denken Sie gründlich darüber nach, was Ihr Leben zum Besseren verändern könnte. Wenn Sie konsequent arbeiten und Ihren Interessen nachgehen, könnten Sie Erfolg haben. Es lohnt sich, über einen Neubeginn oder Tapetenwechsel nachzudenken.

Pfad 8.2/5 😐

Würdevoller Rückzug.
Jemand gönnt Ihnen den Erfolg nicht.
Ein Ruf wird beantwortet.
Am Ende glücklich.

Aus Ihrer starken Position heraus können Sie selbständig handeln; das könnte einige Leute verärgern. Eine distanzierte Sichtweise wird Sie zur richtigen Entscheidung führen.

Zeit: Wenn Sie hart arbeiten und sich um Ihr Vermögen kümmern, könnte sich das auszahlen. Sie könnten etwas Neues, Kühnes wagen und damit erfolgreich sein. Es ist gut, wenn Sie bei neuen Leuten Reklame für sich machen. Hüten Sie sich vor Bekannten, die sich gegen Sie stellen könnten. Studien entwickeln sich günstig, das gleiche gilt für Geschäftliches. Hüten Sie sich vor Diebstahl.

Der Rückzug mißlingt.
Tränen und Seufzer.
Halten Sie durch, dann geht die Gefahr vorüber.

Wenn Sie jetzt handeln, gibt es am Ende Tränen.
Zeit: Eine lange, schwierige Phase nähert sich langsam ihrem Ende, aber noch ist nicht die Zeit, um sich auszuruhen, denn noch kann leicht etwas schiefgehen. Ihre Gefühle werden möglicherweise aufgewühlt, aber wenn Sie sich ganz ruhig verhalten, passiert nicht viel.

Situation 8.3
Die Suche

Zu lange hat man Sie zurückgehalten.
Jetzt ist der richtige Zeitpunkt, um Ihre
Ängste zu überwinden.
Setzen Sie sich hohe Ziele.
Sonst schießen Sie daneben.
Dann bringen Sie es zu etwas.

Erwachen im Haus der Flucht. Eine starke Kombination, diese beiden lieben die Herausforderung und kümmern sich wenig um Verantwortung. Ärgert sie etwas, dann gehen sie einfach weg und pfeifen auf die Folgen. Dies ist eine Zeit, in der Sie sich auf Ihre eigene Suche konzentrieren und nicht von den Ansprüchen anderer bremsen lassen sollten.

Etwas, das Sie tun, wird schwieriger sein als erwartet, aber die Ergebnisse lohnen sich. Sie sollten auf der Suche nach Erfahrungen Ihre gewohnten Grenzen überschreiten. Sie können jetzt eine Menge erreichen und einen Präzedenzfall für die Zukunft schaffen. In dieser Situation hält Sie oft irgendein Interessenkonflikt davon ab, Ihren Weg zu gehen. Es betrübt, wenn man ein Ziel nicht vollständig erreicht, aber das nächste Mal sind Sie klüger. Wer es nie versucht, kann auch nicht scheitern. Sie brauchen nicht streng mit sich zu sein, wenn Sie trotz mehrfacher Versuche scheitern.

Wenn Sie diese Vorhersage bekommen, sollten Sie sich vergewissern, daß Sie all Ihren Pflichten nachgekommen sind, so daß Sie dann ungehindert Ihre Suche fortsetzen können. Eine Suche kann viele Formen annehmen. Im wesentlichen geht es darum, unwichtige Ärgernisse hinter sich zu lassen und Ihre inneren Wünsche oder Bedürfnisse zu erfüllen. Das ist die wahre Bedeutung des Wortes *Eskapismus*. Sie machen sich von gesellschaftlichen Ansprüchen frei und werden Sie selbst. Meist ist es etwas, was Sie wirklich tun wollen, wozu Ihnen aber der Mut fehlt. Sie suchen wahrscheinlich nach allen möglichen Ausreden wie: es ist zu teuer, unsinnig, beschwerlich oder einfach zuviel Aufhebens, was auch immer – aber das ist nur Feigheit. Ein Krieger nimmt das, was ihm geboten wird, ohne Schuldgefühle oder Gier an. Sich hohe Ziele zu setzen heißt, ein romantisches Ziel im Leben haben, das Sie zur Vorzüglichkeit anspornt. Solche Ziele erreicht man selten hundertprozentig, aber den Versuch ist es allemal wert.

Manchmal erhalten Sie diese Situation zur Antwort, wenn Sie sich in schwierigen Verhandlungen befinden. In diesem Fall heißt es, daß Sie der Sache sanft, aber bestimmt auf den Grund gehen sollten. Strafmaßnahmen sind meist fehl am Platz.

Pfad 8.3/1

In Gesellschaft ausgehen.
Die Regeln verändern.
Taten, nicht Worte.

Dieser Pfad ist einen Versuch wert.
Zeit: Vergessen Sie alte Ängste und Sorgen und zeigen Sie, was in Ihnen steckt.

Pfad 8.3/2

Einer, der immer am Kindsein festhält,
wird nie erwachsen.

Hier müssen Sie sich wirklich sehr anstrengen, um Einschränkungen zu entgehen. Überlegen Sie genau, und gehen Sie dann energisch vor. Auch wenn Sie aus einer schwachen Position heraus handeln, brauchen Sie sich nicht zu schämen, wenn Sie keinen vollständigen Erfolg erzielen – es ist lediglich ein energischer Einsatz nötig. Wenn Sie etwas Kleines loslassen, bekommen Sie dafür etwas Großes.
Zeit: Es wäre ein Leichtes, die Dinge schleifen zu lassen, aber hier ist wirklich ein kräftiger Schubs in die richtige Richtung nötig. Für Ihre wahren Überzeugungen müssen Sie ein wenig rücksichtslos vorgehen, um nebensächliche Probleme können Sie sich später kümmern.

Pfad 8.3/3

Am Erwachsensein festhalten.
Das Kind hinter sich lassen.

Sie können Ihre Persönlichkeit stärken, wenn Sie jetzt mutig und wohlüberlegt handeln.
Zeit: Es werden Probleme auftauchen, die Sie angehen müssen. Wenn Sie jetzt entschlossen handeln, ersparen Sie sich später viel Ärger.

Pfad 8.3/4

Die Suche führt zum Erfolg.
Sich auf die Jagd zu machen bringt Schaden.
Verfolgen Sie ehrliche Absichten.
Die Gedanken müssen klar sein.

Wenn alles funktioniert, macht man leicht Fehler. »Sich auf die Jagd machen« bedeutet entweder, daß Sie von Ihrem Hauptziel abgelenkt werden oder weit darüber hinausschießen.
Zeit: Eine gute Zeit, in der viel erreicht werden kann.

Pfad 8.3/5 ☺ ☺ ☺

Einem Stern folgen.
Ehrliche Suche.

Ein »Stern« ist ein hohes Ziel, das man niemals ganz erreichen kann, aber es setzt Maßstäbe für Vorzüglichkeit. Von möglichen Schwierigkeiten, die Sie anfangs von diesem Weg abbringen könnten, sollten Sie sich nicht abschrecken lassen. Mit entsprechendem Einsatz können Sie erfreuliche und sinnvolle Erfahrungen machen. Sorgen Sie dafür, daß Sie Ihren Pflichten nachkommen – Sie werden nämlich mehr Zeit brauchen, als Sie eingeplant haben.

Zeit: Gut, aber denken Sie gründlich über Ihre Prioritäten nach und bleiben Sie bei dem, was Ihnen am wichtigsten ist.

Pfad 8.3/6 ☺

Geehrt wie ein König.
Knüpfen Sie neue Verbindungen.
Genießen Sie die Vorteile, solange es sie gibt.
Weiterzumachen bringt Glück.

Dieser Pfad mag anfangs schwierig sein und Sie werden über den ursprünglich gesteckten Rahmen hinausgehen müssen. Wenn Sie aber tapfer fortfahren, werden Sie froh sein, daß Sie ihm gefolgt sind. Kalkulieren Sie zusätzlich Zeit ein, um Ihre Ziele zu erreichen.

Zeit: Gut, amüsieren Sie sich.

Situation 8.4
Das Haus ist gerettet

Das Haus ist in Gefahr, es kann gerettet werden.
Das Dach ist zu schwer für seine Balken, sie müssen verstärkt werden.
Entscheiden Sie, was Sie tun, lassen Sie Ihren Entschluß von niemandem entkräften.
Gehen Sie alte Probleme auf neuartige Weise an.

Gute Jagd im Haus der Flucht. Zwischen diesen beiden herrscht eine intensive Anziehungskraft, die gut oder schlecht sein kann.

In dieser Situation sind ein paar frische Ideen oder irgendeine zusätzliche Investition notwendig, um Gefahren zu vermeiden und den Wohlstand zu gewährleisten.

Sie erhalten diese Situation oft dann, wenn Ihr Wohlbefinden bedroht ist. Dann müssen Sie tun, was getan werden muß. Wenn Sie in der Patsche sitzen, sollten Sie nicht zögern, unverzüglich zu handeln, denn unter den gegebenen Umständen rechtfertigt das Endergebnis die Mittel. Eine andere Interpretation lautet, daß Sie etwas brauchen, um sich zu verjüngen und aus eingefahrenen Gewohnheiten auszubrechen.

Pfad 8.4/1

Wenn eine Opfergabe auf weiße Binsen gelegt wird,
geben die Geister der Ahnen ihren Segen.
Ein Vorhaben kann erfolgreich sein.

Gehen Sie ehrlich und vorsichtig vor. Schwierige Dinge können Sie in Angriff nehmen, sofern Sie die entsprechende Vorsicht walten lassen. Für Reisen und Studium sieht es gut aus.
Wenn Sie das Orakel wegen einer neuen beruflichen Laufbahn befragen, werden Sie ein gutes Vorzeichen erhalten.
Eine Gefahr wird Sie nicht direkt betreffen, und Sie müssen
auch nichts dagegen unternehmen.
Zeit: Mit der entsprechenden Vorsorge geht das Leben geruh-
sam weiter.

Pfad 8.4/2

Die Wurzel einer vertrockneten alten Weide
bringt neue Sprossen hervor.
Bald wird es Früchte geben.
Ein alter Mann heiratet eine junge Frau.
Erfolgreich ziehen sie Kinder groß.

Ein ausgefallenes Arrangement funktioniert viel besser als erwartet. Eine Krankheit wird geheilt. Eine Liebesgeschichte ist
von Dauer, auch wenn das Paar scheinbar schlecht zusam-
menpaßt. Man kann Geld verdienen. Ein Neubeginn wird
verjüngend wirken. Eine junge Frau kann von einem alten
Mann Kinder bekommen, das heißt, daß eine offensichtlich

unpassende Beziehung sowohl produktiv als auch erfreulich sein wird. Die »neuen Sprossen« sind anfangs zart – erwarten Sie zunächst nicht zuviel.

Zeit: Dies ist oft eine Zeit der Erholung nach schlechten Zeiten. Ruhen Sie sich aus und genießen Sie Ihr Glück. Wenn Sie einen guten Einfall haben, können Sie ihn jetzt in die Tat umsetzen.

Pfad 8.4/3

Wenn der Dachbalken nachgibt, stürzt das Haus ein.

Eine unerwartete Verschlechterung. Dinge oder Menschen, auf die Sie sich verlassen haben, lassen Sie plötzlich im Stich. Handeln Sie sofort, den schlimmsten Schaden können Sie abwenden. Ein schlimmes Unglück droht. Es wird Sie in gewisser Hinsicht teuer zu stehen kommen, die Sache in Ordnung zu bringen, aber Sie müssen sich nach den nötigen Ressourcen umsehen. Beginnen Sie nicht mit neuen Projekten.

Zeit: Sie muten sich mehr zu, als Sie verkraften können. Sie sollten an Ihrem Leben etwas ändern, bevor Sie ernstlich Schwierigkeiten bekommen. Treffen Sie Vorkehrungen für unvorhergesehene Probleme.

Pfad 8.4/4

Der Dachbalken wird gestützt.

Mit einer glänzenden neuen Idee meistern Sie eine schwierige Situation. Seien Sie weise und nehmen Sie Hilfe an. Sie können sich Ihre Lage erträglicher machen, wenn Sie jetzt handeln. Nicht gut ist es für ein neues Projekt: Es droht Ihnen zwar keine Gefahr, aber Sie müssen sich um ein paar Dinge kümmern, bevor es weitergeht.

Zeit: Obwohl Sie theoretisch übermäßig beansprucht sind, gibt es keinen Grund zur Sorge. Sie bekommen Hilfe dann, wenn Sie sie brauchen.

Pfad 8.4/5 ☹

Eine vertrocknete, alte Weide blüht.
Früchte wird es keine geben.
Eine alte Frau heiratet einen jungen Mann.
Sie kann keine Kinder bekommen.

Sie haben nur einen begrenzten Kräftevorrat und sollten vorsichtig damit umgehen. Eine alte Frau kann selbst mit einem jungen Mann keine Kinder bekommen, das bedeutet eine Beziehung, die zwar angenehm, aber unproduktiv sein könnte. Von großen Dingen sollten Sie die Finger lassen. Ein neues Projekt scheitert, bestehende Projekte laufen schleppend, aber es besteht keine große Gefahr.

Zeit: Sie werden müde sein und es schwer finden, zurechtzukommen. Es besteht die Gefahr, daß Sie aus diesem Grund versucht sind, etwas »Aufregendes« zu tun, um sich abzulenken. Wenn Sie dem nachgeben, könnten Sie sich erschöpfen und alles nur noch schlimmer machen. Sie müssen sich Ihre Stärke bewahren und Geduld haben.

Während Sie durch den Sumpf waten, steigt Ihnen
das Wasser über den Kopf,
Sie können es nicht verhindern.
Am Ende gelingt die Überquerung

Diese Situation ist zwar unerfreulich, aber es besteht keine große Gefahr. Machen Sie vorsichtig weiter und lassen Sie sich von Problemen nicht beirren. Unternehmen Sie nichts Neues, solange Sie nicht die bestehenden Probleme gelöst haben. Andere Menschen werden alles Erdenkliche tun, um Ihre Pläne zu durchkreuzen.

Zeit: Es gibt ein paar unvermeidbare Mißgeschicke, aber wenn Sie aufpassen, besteht keine große Gefahr.

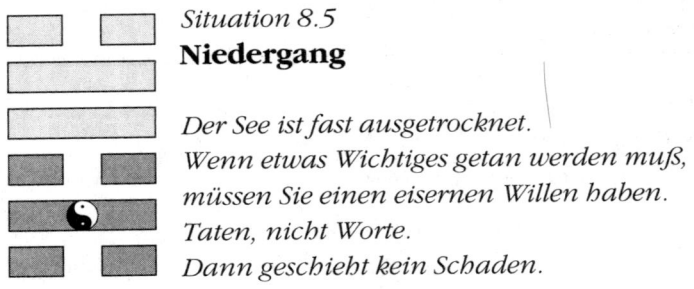

Situation 8.5
Niedergang

Der See ist fast ausgetrocknet.
Wenn etwas Wichtiges getan werden muß,
müssen Sie einen eisernen Willen haben.
Taten, nicht Worte.
Dann geschieht kein Schaden.

Gefahr (Grube) im Haus der Flucht (See). Ein Loch unter dem See zieht langsam das Wasser ab.

Die Dinge werden bald vergehen; das Bild zeigt eine trockene, ungastliche Landschaft, durch die man sich vorsichtig einen Weg bahnen muß. Wasser steht sowohl für körperliche Bedürfnisse als auch für Enthusiasmus. Wenn der See austrocknet, wird das Leben schwerer.

Diese Situation bezieht sich oft auf eine Zeit, in der eine Phase endet, der Sie entkommen und etwas Neues beginnen müssen. Es bringt nichts, sich an einem ausgetrockneten See aufzuhalten, deshalb müssen Sie aufbrechen. Mit »eisernem Willen« stecken Sie Ihr Ziel ab und wagen den Schritt. Fürs erste sollten Sie nicht so viele unnötige Aufgaben übernehmen, sondern sich auf Fluchtmöglichkeiten konzentrieren.

Pfad 8.5/1

Ein abgestorbener Baum.
Die Furche ist tief.
Es vergehen drei Zeiteinheiten.

Vermeiden Sie diesen Pfad, wenn möglich. Bestenfalls wird er unbefriedigend sein. Ein Schüler, der sich zum Lernen zurückzieht, wird davon profitieren.
Zeit: Zunächst sieht alles richtig aus, aber Sie landen schnell in einer Sackgasse. Verändern Sie etwas, bevor es zu spät ist.

Pfad 8.5/2 😦

Leichtes Leiden.
Sie haben Speis und Trank, aber keine echte Absicht.
Ein gutes Angebot von jemandem, der in rote Gewänder gekleidet ist.
Bringen Sie ein Opfer für eine edle Sache.

Diesem Pfad können Sie ganz unbesorgt folgen, allerdings ist er nicht besonders erfreulich. Ein Schüler, der fleißig lernt, wird davon profitieren. Ihre Reisepläne werden sich erfüllen.
Zeit: Nicht einfach, aber fürs erste können Sie ganz gut damit zurechtkommen. Ihr Leben ist schal geworden, und wenn Sie daran nichts ändern, bekommen Sie auf Dauer gesehen Schwierigkeiten. Ziehen Sie einen Kurswechsel in Betracht und ergreifen Sie entsprechende Maßnahmen.
Vielleicht sehen Sie eine Gelegenheit – oder sie bietet sich

Ihnen (im alten China waren Beamte rot gekleidet). Für dieses Angebot müssen Sie ein persönliches Opfer bringen, aber genau dadurch können Sie Ihren Niedergang aufhalten.

Pfad 8.5/3

Zentnerschwere Last.
Lehnen Sie sich nicht auf Dornen.
Zu Hause fehlt das geliebte Wesen.

Handeln Sie in dieser Zeit möglichst nicht, später ergibt sich eine bessere Gelegenheit.
Zeit: Sie müssen einiges verändern, Sie haben sich zuviel aufgebürdet. Machen Sie sich's doch leichter, sonst leiden Sie.

Pfad 8.5/4

Langsame Reise in einer Kutsche.
Dann ist das Eigentum sicher.
Sie brauchen sich nicht zu beeilen.

Ein schwieriger Pfad, dem Sie aber bei entsprechender Vorsicht ohne Verluste folgen können.
Zeit: Sie sind erschöpft, aber Sie schaffen es. Sie haben alles, bloß keine Freude. Überlegen Sie, wie Sie Ihre Lage verbessern können. Studien entwickeln sich günstig.

Pfad 8.5/5

Von Höherstehenden beschimpft.
Füße und Nase sind verletzt.
Sie sollten ein Opfer bringen.
Dann wird es langsam besser.

Sie werden jetzt behindert und gedemütigt, aber nicht für immer und ewig. Sie müssen etwas opfern, um weiterzukommen.

Zeit: Sie stehen gut da und können die bevorstehenden harten Zeiten überstehen. Kümmern Sie sich um sich und Ihre Familie, letztlich überstehen Sie diese Zeit. Suchen Sie nach Möglichkeiten, um Schwierigkeiten zu entgehen.

Pfad 8.5/6

Aufgehalten von Gestrüpp.
Man ist unsicher.
Das Vorwärtskommen ist anfangs schwierig.
Aber dann wird der Weg deutlich.

Schlechte Zeiten gehen vorüber. Es läßt sich ein Ausweg finden. Handeln Sie vorerst nicht.

Zeit: Sie haben die schweren Zeiten überstanden. Jetzt ist es wichtig, daß Sie sich völlig von den Sorgen freimachen, die Sie bedrückt haben. Sonst genesen Sie nur langsam.

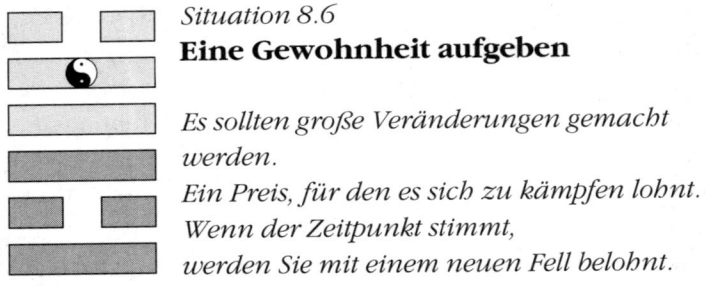

Situation 8.6

Eine Gewohnheit aufgeben

Es sollten große Veränderungen gemacht werden.
Ein Preis, für den es sich zu kämpfen lohnt.
Wenn der Zeitpunkt stimmt,
werden Sie mit einem neuen Fell belohnt.

Leidenschaft (Feuer) im Haus der Flucht (See). Höchstwahrscheinlich gibt es zuerst Streitigkeiten, bevor ein Neubeginn möglich ist.

Hier ist gründliche Umorganisation nötig, eine Situation, die typisch ist für das Haus der Flucht. Sie haben die Möglichkeit, Ihr eintöniges Dasein etwas spannender zu gestalten. Die Frage ist, ob Sie so klug sind, dies auch zu tun. Veränderungen sind nicht leicht und bergen Risiken; aus diesem Grund geben sich die meisten von uns mit einem schalen, geisttötenden Leben zufrieden. Das I Ging soll den Wagemutigen dabei helfen, die Risiken zu reduzieren, die eine romantischere Existenz mit sich bringt.

Der alte, traditionelle Text spricht von einem Tierfell, das die Krieger als Auszeichnung erhielten. Einerseits handelte es sich dabei um ein Rangabzeichen, andererseits glaubte man, daß ein Krieger mit dem Fell des Tieres auch etwas von dessen Wesen übernahm: Das Tragen des Fells gehörte zu einem inneren Entwicklungsprozeß. In frühen Gesellschaften galten spirituelles und irdisches Wachstum als zwei Seiten derselben Münze. Um diese Situation also wirklich zu nutzen, müssen Sie lernen, Ihren inneren wie auch Ihren äußeren Wert zu erhöhen. Wenn Gedanken, Worte und Taten übereinstimmen, ist alles möglich.

Es kann sein, daß Sie nicht sofort große Veränderungen vornehmen können; der Pfad repräsentiert die Vorbereitungsstadien der Veränderung. Sie sollten versuchen, Ihren Horizont zu erweitern, zu reisen und sich darin zu üben, Ihre Mitmenschen von Ihrem Wert zu überzeugen. Seien Sie gleichzeitig bestrebt, geduldig Ihre Fähigkeiten zu entwickeln. Und wenn Sie dann bereit sind, erobern Sie die Welt im Sturm.

Pfad 8.6/1

Mit einer gelben Kuhhaut ausgezeichnet werden,
die man fest um sich schlingt.

Eine Kuhhaut hat nur geringen Wert, sie symbolisiert Sanftmut und harte Arbeit. Dies ist der Anfang der Veränderung. Sie können noch keine große Anerkennung bekommen, sehen aber allmählich, wie dies zu bewerkstelligen ist. Bauen Sie sich dann mit stetiger Arbeit eine gute Zukunft auf.

Zeit: Nicht viel Erfolg in materiellen Dingen. Ein guter Zeitpunkt, um zu reisen und Ihren Horizont zu erweitern. Lernen Sie, Dinge auf unterschiedliche Art und Weise zu tun, und üben Sie sich darin, Ihre Mitmenschen zu überzeugen. Alternativ könnten Sie in aller Stille an einem Projekt arbeiten. Wenn Sie ein Hobby haben, das Sie gern zum Beruf machen möchten, wäre jetzt ein guter Zeitpunkt dafür.

Pfad 8.6/2

Ihre Zeit wird kommen.
Sie werden mit einem neuen Fell ausgezeichnet werden.

Dies ist ein recht verläßlicher Pfad, aber es ist besser, nichts zu überstürzen.

Zeit: Sie müssen aktiv eingreifen, organisieren Sie Dinge um, verändern Sie etwas. Für Reisen und Neuanfänge ist die Zeit gut.

Pfad 8.6/3

Man stößt auf Widerstand.
Viele Sorgen, geringe Gefahr.
Ein wenig Initiative bringt Glück.

Kein einfacher Pfad, der sich aber notfalls durchaus meistern läßt.
Zeit: Eine Zeit voller Unruhen, aber wenn Sie die Nerven behalten, wird am Ende alles gelingen.

Pfad 8.6/4

Machen Sie große Veränderungen.
Bedauern Sie nichts.

Ein vernünftiger Pfad, dem man folgen sollte. Kleine Veränderungen sind wenig sinnvoll, bei Ihnen ist eine umfassende Reform notwendig.
Zeit: Seien Sie aktiv und verändern Sie etwas. Haben Sie keine Angst davor, Unruhe zu stiften.

Pfad 8.6/5

Mit einem Tigerfell ausgezeichnet.
Sie dürfen viel verändern.

Ein Tigerfell symbolisiert Kraft. Sie bekommen es nur, wenn Sie bereit sind, kraftvoll zu handeln. Was immer Sie vorhaben – setzen Sie es energisch in die Tat um. Wenn Ihnen jemand ein Angebot macht, sollten Sie es annehmen, es zahlt sich aus. Unkonventionelle Methoden sind unter Umständen gerechtfertigt. Großer Profit durch kühnes Handeln.

Zeit: Ein Umzug oder die Übernahme neuer Aufgaben ist begünstigt. Sie können in dieser Zeit Ihren Status beachtlich verbessern. Wenn es etwas gibt, das Sie schon immer tun wollten, könnte jetzt der Zeitpunkt dafür gekommen sein.

Pfad 8.6/6 ☺

Mit einem Leopardenfell ausgezeichnet.
Verfeinerung bringt Veränderungen zur Vollendung.

Für fast alles günstig. Bei Sechser-Pfaden geht es oft darum, ein aktuelles Geschäft abzuschließen. Bei einem Leopardenfell denkt man eher an Perfektion und Schönheit als an große Macht.

Zeit: Schließen Sie die Veränderungen ab und setzen Sie Ihre Pläne in die Tat um.

Für Einflüsse offen

Berge im Dunst.
Die Zeichen sind verworren.
Handeln Sie nicht aus einem ruhelosen
Impuls heraus.
Suchen Sie nach einem Spalt in der Wolke.
Der Weg wird deutlich werden.
Lassen Sie allem seinen natürlichen Lauf.

Feste Absicht (Stein) im Haus der Flucht (lachender Mund). Dies ist eine merkwürdige, doch tiefgehende Beziehung. Die ernste Feste Absicht paßt gut zu der sprunghaften Flucht. Beide sind geistig rege und ziemlich wild.

In dieser Situation geht es darum, für tiefe oder spirituelle Einflüsse offen zu sein. Dieser spirituelle Einfluß dringt in Ihre Seele und hilft Ihnen dabei, Ihren wahren Pfad zu finden. Das bedeutet, daß es sehr schwer ist, etwas zu planen, denn vorgefaßte Meinungen erschweren dem Geist die Kommunikation mit Ihnen.

Eine der Hauptfunktionen des Geistes ist es, Dinge zusammenzuführen. Es gibt eine Art unsichtbares Gewebe, das gleichgesinnte Menschen verbindet. Selbst wenn Sie es verhindern wollen, ziehen Sie Ihnen ähnliche Menschen an.

Halten Sie an dem fest, was Sie für richtig halten. Es wird sich die Gelegenheit ergeben, Ihren Beschränkungen zu entkommen. Haben Sie Geduld und warten Sie auf Führung. Auf den Pfaden gibt es unterschiedlich viel Nebel und Verwirrung.

Pfad 8.7/1

Dichter Nebel.
Halten Sie die Zehen still.

Unheilvolle Einflüsse bedrohen Sie, hüten Sie sich vor Ärger. Wenn die Zehen ruhig sind, dann ist es auch Ihr übriger Körper. Es droht keine unmittelbare Gefahr, daher bewegen Sie sich am besten möglichst wenig, bis sich der Dunst gelichtet hat. Sie können eine kurze Zeit lang mit einem Projekt erfolgreich sein, bereiten Sie sich darauf vor, schnell zu flüchten. *Zeit:* Unglücklich und gefährlich. Tun Sie möglichst wenig, bis die Zeiten wieder besser werden.

Pfad 8.7/2 🙂

Der Nebel lichtet sich.
Die Beine zu bewegen führt zu Unglück.
Dazubleiben bringt Glück.

Der Nebel löst sich allmählich auf und es ist verlockend, sich zu bewegen. Leider ist es noch nicht hell genug, so daß ein Mißgeschick passieren kann. In dieser Zeit suchen Sie sich am besten angenehme oder sinnvolle Ablenkung, denn das bringt Glück. Später können Sie Ihre Reise dann fortsetzen. *Zeit:* Angenehm, wenn Sie alles beim alten lassen. Für Ihre derzeitige Geduld werden Sie später mit günstigen Bedingungen belohnt werden. Es bringt Unglück, wenn Sie versuchen, zu schnell mit aller Gewalt vorwärtszudrängen. Eine gute Zeit für Studien und Vorbereitungen.

Pfad 8.7/3

Im Nebel rennen.
Jemand stellt Ihnen ein Bein.
Lassen Sie keine Unruhe aufkommen.

Hier zeigt sich allmählich, wie belastend das Warten ist, und es besteht die Gefahr, daß Sie impulsiv nach vorne lospreschen. Tun Sie es nicht.
Zeit: Sie werden höchstwahrscheinlich ungeduldig und sind versucht, sich auf etwas einzulassen, das Sie später bereuen werden. Lassen Sie alles beim alten, Ihre Zurückhaltung wird sich lohnen.

Pfad 8.7/4

Der Nebel lichtet sich.
Der Einfluß ist stark. Ein bißchen Verwirrung.
Der Weg ist nicht verloren.
Nur die echten Freunde folgen einem.
Großes Glück.

Ihre Instinkte trügen nicht, und Sie werden Erfolg haben, wenn Sie auf Ihr Glück vertrauen. Es mag etwas problematisch werden, Dinge zu realisieren, aber der spirituelle Einfluß ist so stark, daß er Sie führen wird, sobald er aktiviert ist. Was zusammengehört, wird zueinander finden.
Zeit: Eine sehr energiegeladene Zeit. Tun Sie, was Sie für richtig halten, und vertrauen Sie auf Ihr Glück. Beginnen Sie etwas Neues oder unternehmen Sie eine Reise.

Pfad 8.7/5

Lichter Nebel.
Hartnäckigkeit.
Keine Reue.

Wenn man zu etwas entschlossen ist, versteift sich der Nakken. In diesem Fall ist das gut, denn mit Entschlossenheit können Sie Ihre Ziele erreichen.
Zeit: Allmählich klären sich die Probleme. Stecken Sie sich Ziele und konzentrieren Sie Ihre Bemühungen.

Pfad 8.7/6

Im Nebel.
Reden, ohne nachzudenken, wird Unglück bringen.
Bleiben Sie bei dem, was richtig ist.

Es gibt etwas Verwirrung, behalten Sie einen kühlen Kopf und warten Sie ab, wie sich die Lage entwickelt. Achten Sie darauf, nicht zu früh zu sprechen, sonst machen Sie sich lächerlich. Eine Party wird zum Erfolg.
Zeit: Beachtliche Selbstbeherrschung ist nötig, wenn Sie nicht vom Kurs abkommen wollen.

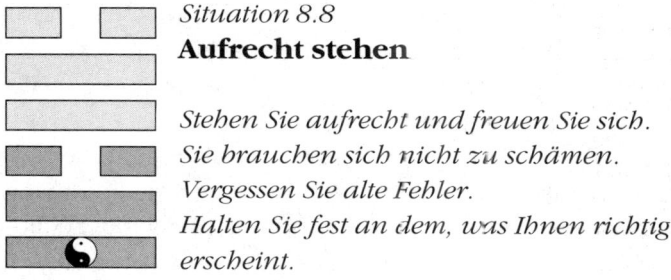

Situation 8.8
Aufrecht stehen

Stehen Sie aufrecht und freuen Sie sich.
Sie brauchen sich nicht zu schämen.
Vergessen Sie alte Fehler.
Halten Sie fest an dem, was Ihnen richtig erscheint.
Die Mutigen haben Erfolg.
Die Schwachen werden leiden.

Flucht (Mund) im Haus der Flucht. Zwei Lippen können vieles zusammen machen. Sofern sie sich nicht streiten, wird das eine gute Beziehung sein.

Wer seinem wahren Weg folgt, gilt oft als egoistisch, und da ist etwas Wahres dran. Kulturen, die versuchen, menschliches Verhalten zu vereinheitlichen, werden es niemals völlig akzeptieren, wenn jemand seiner individuellen Bestimmung folgt. In dieser Situation verkünden Sie Ihre Einzigartigkeit laut und deutlich und sagen den anderen, daß Sie auf ihre Meinung pfeifen.

Das Bild des doppelten Mundes bedeutet, daß durch Sprachgewandtheit dieses gefährliche An-die-Öffentlichkeit-Treten möglich wird. Setzen Sie Ihre Arglist, Ihren Charme und jeden erdenklichen Trick ein, um sich durchzusetzen. Das geht natürlich nur, wenn Sie von Ihrem Tun ernsthaft überzeugt sind. Wenn Sie Ihre Überredungskünste für banale, unsinnige Zwecke vergeuden, funktionieren sie nicht mehr, wenn Sie sie wirklich einmal brauchen. Ihre Umwelt hat Ihr dummes Geschwätz und Ihre leeren Versprechungen dann bald satt.

Sie brauchen ein lohnendes Ziel, an dem Sie auch dann festhalten, wenn es unbequem oder riskant wird. Dann werden Sie von den anderen respektiert, und sie akzeptieren Ihr scheinbar egoistisches Verhalten.

Wenn Sie das tun, was Sie wirklich tun wollen, kommen Ihnen Hindernisse wie amüsante Erfahrungen vor, und keine Anstrengung ist Ihnen zuviel. Wem beispielsweise das Schauspielen im Blut liegt, wird gern alles dafür opfern, solange er seine Kunst ausüben kann. Nicht nur bei derart öffentlichkeitswirksamen Berufen gibt es diese Art freudiger Hingabe – Menschen in allen Lebenslagen empfinden Freude an ihrer Arbeit. Sie müssen lediglich das tun, was *Ihnen* entspricht, nicht was Ihrer Familie, Ihrem Chef oder sonstwem gefällt. Es ist selten einfach, dem eigenen Weg zu folgen. Oft stoßen Sie auf Widerstand, stets müssen Sie Opfer bringen, aber wenn Sie sich nicht beirren lassen, lohnt es sich am Schluß. In dieser Situation geht es darum, gute und unterhaltsame Dinge zu tun. Sie eignet sich besonders gut für Karrieren im Bereich Kommunikation und Unterhaltung.

Diese Situation kann noch eine andere Bedeutung haben: Sie kann eine Warnung für diejenigen sein, die um des Vergnügens willen dem Vergnügen frönen. Wenn Sie so weitermachen, wird es immer schwieriger werden, Zufriedenheit zu erlangen. Wer aus Vergnügungssucht viel Zeit und Energie vergeudet, den überkommt am Ende oft nur noch Verzweiflung.

Pfad 8.8/1

Aufrecht stehen bringt Jubel.
Der richtige Pfad zur Freude.
Gehen Sie diesen Weg in Frieden.

Folgen Sie Ihrem Stern, dann gelingt alles. Selbst wenn es Probleme gibt, können Sie sie mühelos überwinden.
Zeit: Sehr gut. Es besteht die Möglichkeit zu einem erfüllteren Leben. Wenn Sie faul sind, wird es bloß eine angenehme Zeit sein, die irgendwann zu Ende geht.

Pfad 8.8/2

Aufrichtig und aufrecht dastehen.
Die Freude vertreibt das Bedauern.
Seien Sie zuversichtlich.

Sie hegen ehrenvolle Absichten und sollten weitermachen. Jedes Opfer, das notwendig wird, wird sich als gerechtfertigt erweisen.
Zeit: Diese Zeit ist hervorragend dazu geeignet, etwas in die Tat umzusetzen. Seien Sie optimistisch und zeigen Sie Engagement.

Pfad 8.8/3

Gelächter endet in Tränen.

Nehmen Sie jetzt Vernunft an. Ihr Vorhaben lenkt Sie nur von dem ab, was Sie tun sollten.

Zeit: Die Suche nach dem schnellen Vergnügen schwächt Sie. Sie müssen konzentrierter vorgehen, wenn Sie etwas erreichen wollen.

Pfad 8.8/4 😐

Verbittertes Lachen.
Kein großer Schaden.

Dieser Pfad wirkt recht angenehm, aber es kommt etwas dazwischen, so daß Ihnen das Lachen vergeht. Es ist nicht wirklich gefährlich, sondern einfach unangenehm.
Zeit: Überlegen Sie sich genau, welche Werte Sie im Leben haben. Sorgen Sie dafür, daß Ihre Taten auch wirklich diese Werte widerspiegeln.

Pfad 8.8/5 😐

Loben Sie den Tag nicht vor dem Abend.
Achten Sie darauf, wem Sie Ihr Vertrauen schenken.
Seien Sie nüchtern, nicht ausgelassen.

Kein einfacher Pfad. Zu vieles könnte schiefgehen. Am besten bleiben Sie in Bewegung, tun das Notwendige und steigen dann aus. Seien Sie auf der Hut.
Zeit: Sie müssen in dieser Zeit vor Gefahren auf der Hut sein. Konzentrieren Sie sich sorgfältig auf Ihre Aktivitäten.